Elisa Erriu - Mario Mazzoleni

SOGNI, PROGETTI e DESIDERI

Il gene "COPAN"

FrancoAngeli

Ristampa	Anno
0 1 2 3 4 5 6 7 8 9	2019 2020 2021 2022 2023 2024 2025 2026 2027 2028

Stampa: Logo srl, sede legale: Via Marco Polo 8, 35010 Borgoricco (Pd)

Questo libro è dedicato a mio padre quale pioniere, a mio fratello, eccellente innovatore, e a tutti voi che ogni giorno rendete possibile la realizzazione di questo fantastico progetto.

Stefania Triva

INDICE

PREFAZIONE*

I sogni costituiscono il più antico e certo
non il meno complesso genere letterario.
Jorge Louis Borges

Garrison Keillor, noto autore americano, una volta ha detto che «un libro è un regalo che puoi aprire sempre e poi sempre»[1].

L'immagine di un oggetto che sfida lo scorrere del tempo, è una bella idealizzazione poetica, ancor di più se è regalabile. Insomma, avere a portata di mano o avere la possibilità di donare un pezzo di eternità, è una grande emozione. È difficile, per me, considerare diversamente questo libro: quando il professor Mazzoleni mi ha chiesto di collaborare per realizzarlo, ho percepito subito l'occasione come un dono. Successivamente, il dono si è arricchito di altri regali, concessimi dalle interviste effettuate in Copan.

Mi avevano detto che Copan non fosse un'azienda qualsiasi, ma potesse essere descritta come una "famiglia allargata". Ho sentito numerose volte questa stessa frase detta da dipendenti provenienti da altre realtà, non credendo seriamente alle loro parole. In Copan, invece, ho percepito sin da subito un'atmosfera diversa, da tutti coloro che ricoprono ruoli manageriali, fino a chi lavora in produzione e a chi in magazzino. Tutti i "copaniani" sembrano rispecchiare un medesimo insieme di valori e modi di fare, come se avessero "un'anima" simile. Ma il libro avrà ampiamente modo di lasciare al lettore la libera scelta su come interpretare Copan, affrontando i punti salienti della storia, dalla sua nascita fino ai tempi odierni. A me resta, invece, un'ultima dichiarazione da premettere prima di lasciarvi leggere e immergervi in questo

* Di Elisa Erriu.
[1] Frase detta durante una sua trasmissione "A prairie home companion".

viaggio temporale: molti libri aziendali son già stati scritti e tanti altri verranno scritti dopo questo. Mi è difficile, tuttavia, immaginare quanti siano stati realizzati con così tanto amore e partecipazione, per questo vorrei ringraziare tutti coloro che mi hanno concesso l'opportunità di redigere questo libro, a partire dal professor Mazzoleni, che ha seguito pazientemente ogni passo, ogni parola, guidandomi e insegnandomi, con le sue correzioni e i suoi approfondimenti, per poi passare alla famiglia Triva e a tutti i fantastici protagonisti di questa storia che ho incontrato e intervistato, nella consapevolezza di fare torto a tanti che mi hanno aiutata in questo lungo lavoro, chiedo sin da subito scusa se li riassumo tutti come "i figli di Copan". Spero di essere riuscita a interpretare fedelmente la storia che mi è stata tramandata, e, se così non fosse, proponendo le mie scuse, «credete che non s'è fatto apposta»[2]. Come un tedoforo olimpico, mi auguro che il mio scritto accenda una fiamma di conoscenza, di curiosità, di interesse nel lettore, facendo così tesoro di ciò che mi è stato donato. Questo libro non è soltanto frutto di un duro lavoro, è stata un'esperienza di vita. Un fantastico sogno realizzato.

[2] Parte finale dei *Promessi Sposi*, A. Manzoni, Capitolo XXXVIII, 1840.

INTRODUZIONE*

Le stelle sono illuminate perché ognuno
possa un giorno trovare la sua.
Antoine de Saint Exupery

L'idea di questo libro nasce molti anni fa. Inizialmente il progetto era quello di scrivere un testo che aiutasse a raccontare le sfide legate all'adozione di nuovi (allora come ora) paradigmi che Copan aveva iniziato ad utilizzare. Il libro è stato accantonato, nel tempo, perché nuove esigenze lo avevano relegato nelle retrovie delle attività da presidiare all'interno del mondo Copan. Nel momento in cui ci si è trovati nelle condizioni di potersi dedicare a riflettere intorno ad una storia aziendale ormai giunta a celebrare i quattro decenni si è deciso di riprendere in mano il progetto e di aggiornarne i contenuti dando, anche, spazio a riflessioni sui risultati che questa atipica impresa italiana ha saputo raggiungere.

Attraverso la narrazione di un percorso costellato da intuizioni e capacità realizzativa il testo cercherà di sottolineare come volontà, spirito imprenditoriale diffuso, creatività, dedizione e rispetto assoluto di alcuni fondamentali valori, possano rappresentare i pilastri sui quali edificare un progetto ambizioso e di successo. Allo stesso tempo si cercherà di rappresentare la filosofia che ha sempre caratterizzato gli indirizzi strategici di questa azienda. Le idee guida di chi in questi anni l'ha governata, verranno evidenziate attraverso storie di persone, sono infatti gli individui a rappresentare la centralità, il filo rosso che guida nel tempo l'agire imprenditoriale dei componenti della famiglia Triva che si sono avvicendati alla plancia di comando. Questa centralità rimane solida e caratterizza l'agire di tutti coloro che, a vario titolo,

* Di Mario Mazzoleni.

hanno scritto, scrivono e scriveranno la storia di questa multinazionale tascabile capace di innovare sempre nel solco di un modello imprenditoriale chiaro ed esplicitamente dichiarato.

Attraverso un percorso che, in realtà, racconta storie nella storia si cercherà di spiegare un modo diverso di fare impresa anche attraverso approcci, logiche, strumenti che, nel tempo, hanno dato modo a Copan di agire su quelle leve su cui tre leader e molti coprotagonisti hanno saputo operare nel tempo.

Gli eventi, i processi, le modalità di azione, gli strumenti che verranno raccontati offriranno al lettore la possibilità di riflettere su come le imprese possano evolvere anche attraverso sentieri non omologati o standardizzati, sfruttando le opportunità legate ad approcci capaci di uscire dalle ipotesi di "successo" facendosi sostenere attraverso l'utilizzo di nuovi e diversi paradigmi.

Chi seguirà il percorso che racconta i primi quarant'anni della vita di Copan potrà riconoscere i tratti di storie analoghe che caratterizzano le capacità imprenditoriali diffuse del nostro Paese, ma potrà anche evidenziare alcuni tratti davvero peculiari che, avendo attenzione e rispetto dei contesti e approcci diversi, potranno offrire spunti di riflessione per chi voglia farsi carico di scelte imprenditoriali. Copan viene definita un'azienda che sorride, la storia che ne racconta i primi quarant'anni di vita vuole anche diffondere questa idea della positività e, perché no, del sorriso come elemento a sostegno del fare efficacemente impresa.

Positività e sorrisi associati all'assoluta trasparenza dell'azione si ritrovano nelle pagine che seguono, anche laddove il "si può fare" viene messo a dura prova da imprevisti e drammatici eventi. Questo libro vuole celebrare, attraverso un racconto e approfondimenti, un percorso imprenditoriale interessante e stimolante, ma, allo stesso tempo, rende onore a tutti i protagonisti che, in modi e tempi diversi, hanno contribuito a fare crescere questa impresa. Chi avrà la volontà di leggere il testo, non troverà solo una celebrazione attraverso racconti, potrà, infatti cogliere alcune riflessioni sull'essenza del fare impresa in questa fase storica dove l'essere immersi in nuove, e sempre diverse, sfide richiede una grande disponibilità al mettersi in discussione, all'apprendere con umiltà anche dai propri errori trasformando questi ultimi in occasioni reali di sviluppo.

Il testo non vorrà solo celebrare raccontando, ma cercherà di rappresentare i processi decisionali, la loro maturazione, gli strumenti utilizzati sia per analizzare le ipotesi di lavoro, sia per sostenerne la realizzazione (modificandone l'indirizzo quando non più considerato adeguato o utile al raggiungimento dei fini aziendali). Attraverso il racconto di come una piccola azienda familiare è riuscita a diventare un'impresa che compete in tutto il mondo, realizzando accordi con realtà che registrano fatturati i cui valori sono varie volte multipli del proprio, si cercherà di evidenziare anche quegli aspetti, tipicamente aziendali, che caratterizzano tutte le imprese dando la possibilità di coglierne gli aspetti innovativi nonché la complessità che ne determina le potenzialità. A tal fine nelle pagine che seguono si incontreranno alcune sezioni di approfondimento su singoli temi ritenuti interessanti proprio perché rappresentano elementi di novità nello scenario aziendale e, calati in una realtà concreta, permettono di superare il gap che, spesso, si registra tra illuministiche ipotesi di lavoro e concrete difficoltà di realizzazione.

Gli approfondimenti, tenteranno di chiarire aspetti legati alla complessità dell'agire in azienda, facendo sì che il testo che segue possa rappresentare un'occasione di comprensione di una realtà aziendale sia per chi con la stessa ha rapporti di diversa natura (chi ci lavora, chi interagisce sui mercati, ma anche fornitori e altri stakeholder che, a vario livello possono avere curiosità o l'interesse a "conoscere" meglio l'impresa), ma anche per studenti, curiosi e studiosi che vogliano trarre beneficio da un'esperienza reale nel tentativo di comprendere come davvero "funzionano" le imprese.

Anche da questo punto di vista gli stimoli ricevuti seguendo i quattro decenni di storia di Copan potranno aiutare i lettori a verificare come l'intelligenza umana, associata a ciò che la passione può generare, se sostenuta da una forte propensione al coinvolgimento possa, nel concreto, portare ad adattare idee anche dirompenti e apparentemente "irrazionali" a situazioni complesse portando a raggiungere risultati imprevedibili.

Come già sottolineato l'interpretazione della storia e la sua rappresentazione passa attraverso il filtro di chi raccoglie racconti, riceve emozioni, analizza e trascrive ciò che assimila per questo è corretto sottolineare, a chi si accinge a dedicarsi alla lettura, che anche per questo libro si deve ricordare e sottolineare la responsabilità diretta degli autori su quanto si ritroverà nelle prossime pagine.

1. MIO PADRE DICEVA

Dagli inizi fino ai primi anni Novanta

Se c'è un modo di far meglio, trovalo.
Thomas Alva Edison

1.1. Bicchierini e tortellini

> Lo sai chi potrà salvare il mondo? L'uomo che coltiva il suo campo di grano, chi è contento di ciò che possiede, il vecchio che legge una poesia, chi accarezza un animale, chi sa perdonare, chi rende felici gli altri.
>
> *Romano Battaglia*

Copan è nata proprio nel giorno degli innamorati, il 14 febbraio, di un lontano 1979. Non è stato un caso, Giorgio Triva ha voluto che fosse sin da subito chiaro: quest'azienda sarà capace di amare e di farsi amare. Ma chi era Giorgio Triva e perché aveva un progetto così ambizioso? Amare un'azienda capace a sua volta di amare sembrano le frasi dell'incipit di una fiaba.

Per quanto sia stato un uomo visionario, il "Sig." Triva[1], soprannominato allora in questo modo e ricordato così ancora oggi, non credeva nelle favole, confidava nel duro lavoro come strumento per realizzare i propri sogni. Per molti anni ricoprì orgogliosamente il ruolo di direttore della logistica in una società municipale, occupandosi di ciò che oggi chiameremmo "raccolta differenziata", mentre ai tempi si traduceva nella realizzazione di percorsi per la raccolta porta a porta. Gli impegni lavorativi del Sig. Triva lo portarono a viaggiare in numerose città, tant'è che i suoi stessi figli, Stefania e Daniele, nacquero in luoghi diversi: Daniele a Napoli il 31 ottobre del 1959 e Stefania a Bergamo il 4 ottobre del 1964. Agli inizi degli anni Settanta, la società per cui operava il Sig. Triva fallì e la perdita di questo lavoro lo obbligò a sua volta a "riciclare" la propria vita.

La desolante tristezza che può cogliere un uomo poco più che cinquantenne, improvvisamente senza lavoro, frenerebbe e distruggerebbe molti. Uno dei più grandi meriti riconosciuto al Sig. Triva fu la capacità di reagire, la forza di imbrigliare la fortuna, rivoluzionando la propria vita e, col tempo, la vita di molte altre persone. L'inizio di Copan, quindi, fu tutt'altro che fiabesco e cominciò proprio là dove molte storie spesso cominciano: da una fine.

Il bagaglio di conoscenze coltivato in quegli anni dal Sig. Triva si rivelò fondamentale quando, grazie a un suo conoscente, cominciò a lavorare come agente di vendita di alcuni prodotti per i laboratori di ricerca medica. Nei due anni che trascorse girando diverse aziende ospedaliere, questo nuovo

[1] Si è deciso di mantenere, da questo momento in avanti, questa modalità di rappresentazione del fondatore, proprio perché si ritiene sia coerente con lo spirito di Copan identificarlo come sempre è stato definito in azienda: Sig. Triva appunto.

impiego non riuscì a convincerlo e l'accumulo di delusioni e insoddisfazioni lo portò a maturare una nuova idea: perché non creare un'azienda per produrre da sé consumabili da laboratorio?

Ad appoggiare il progetto del Sig. Triva, furono due primari di un laboratorio d'analisi mantovano, un tecnico bresciano in grado di fornire spazi e macchinari, e un industriale milanese che stampava plastica. Il capitale sociale fu di 50 milioni di Lire. Il Sig. Triva diede vita così a Copan, con sede legale a Lesmo e operativa in uno stabilimento a Collebeato, comune dove la famiglia Triva si trasferì nel 1982, lasciando Mantova.

L'area d'azione dell'azienda in fasce si definì già tramite il suo nome, "Copan", acronimo di "Coadiuvanti Per Analisi", che individuava perfettamente la strada in cui si sarebbe fatta largo, ovvero l'ambito della "general laboratory labware" – la plastica generica nel campo bio-medicale –. Dal primo giorno di vita, lo statuto presentò una Copan con una visione chiara che la contraddistingueva: non volere solo "fare", produrre, qualcosa di diverso, ma, prima di tutto, essere qualcosa di diverso.

Il progetto iniziale riguardava la produzione di bicchierini in plastica per macchine Toa®: al tempo questo prodotto veniva realizzato dall'omonima azienda giapponese, che si occupava, inoltre, di creare i macchinari destinati alla conta delle piastrine e dei globuli bianchi e rossi. I bicchierini che producevano erano unici sul mercato, non era possibile utilizzare consumabili alternativi sui loro strumenti autoanalyzer, essendo progettati appositamente per dare un errore se la conta fosse stata sbagliata, ma solo se trattati da quelle particolari attrezzature.

I due medici mantovani che avevano partecipato alla nascita dell'azienda, riuscirono a scoprire lo stesso componente da additivare alla plastica dei loro bicchierini, col fine di ottenere lo stesso errore nella conta se si fossero utilizzati i bicchierini Copan sulle macchine Toa®.
In questo modo si ottenne un'alternativa a un prodotto che nessun altro, nel mercato, era ancora riuscito a replicare.

I primi passi di Copan portarono questa piccola azienda a incamminarsi verso le sue grandi aspirazioni: i prodotti dei suoi esordi lo dimostrarono, avevano soddisfatto una richiesta che fino ad allora la clientela non era nemmeno riuscita a porsi. Copan puntava a offrire molteplici prodotti in cui l'elemento preponderante sarebbe stato l'unicità e un vantaggioso rapporto qualità-prezzo.

Giorgio Triva, Brescia, anni '80

Il Sig. Triva credeva fortemente in questo progetto, ma la sua neonata Copan vide coinvolti da subito anche i suoi familiari: per esempio, i figli Daniele e Stefania portavano scatoloni contenenti file di 25 bicchierini a casa il venerdì sera per poi, il sabato e la domenica, rinunciare a qualche ora di svago, così da aiutare la madre, Mirta, a imbustarli con i termosaldatori. Senza lo stipendio di Mirta, che lavorava come impiegata nelle scuole, e la pensione della madre del Sig. Triva, molti investimenti e altrettanti "rischi aziendali" non si sarebbero potuti affrontare.

Con una decina di dipendenti e con un capitale sociale non esorbitante di cinquanta milioni di lire, gli obiettivi erano, quindi, ridotti. Nessuno poteva sapere verso quale destino li avrebbe portati quella nuova avventura, ma conoscevano la strada che avrebbero voluto percorrere, pertanto tutti si prodigarono per insegnare all'azienda a camminare.

Dall'ultimo arrivato sino al Sig. Triva, che abitava a pochi passi dallo stabilimento, sentivano Copan come una seconda casa, o meglio una seconda "famiglia".

Copan "COadiuvanti Per ANalisi,

Brescia, anni '80

1.1.1. Le aziende familiari[2]

> Il mondo è nelle mani di coloro che hanno il coraggio di sognare e di correre il rischio di vivere i propri sogni.
>
> *Paulo Coelho*

In Italia la terminologia "azienda familiare" finisce con il rappresentare il modello aziendale più diffuso dell'intero sistema produttivo generale. La categoria racchiude imprese che non possono essere individuate solo attraverso parametri economici patrimoniali e nemmeno esclusivamente tramite il richiamo al numero di addetti coinvolti. Secondo il codice civile (art. 230) sono familiari le imprese in cui possono prestare attività di lavoro continuativo oltre all'imprenditore il coniuge, i parenti entro il terzo grado e gli affini entro il secondo.

Già l'eterogeneità di questi elementi classificatori mette in risalto un primo elemento di criticità nella possibilità di utilizzare questa classificazione per trarre qualche elemento comune in grado di definire, in concreto, i "modus operandi" di queste aziende. Sono, quindi, imprese che finiscono per avere modalità di sviluppo e di gestione assai variegate, dipendenti spesso più dalla loro collocazione territoriale o dal settore di appartenenza che da logiche comuni collegate a questa particolare tipologia di imprese.

Familiari, quindi, possono essere aziende grandi o piccole, di prima generazione o con quasi 500 anni di storia di governance familiare alle spalle[3]. Non è nemmeno scontato che queste forme istituzionali operino attraverso processi meno strutturati o innovativi, questo vale prima di tutto con riferimento agli aspetti più propriamente legati alla governance dove possiamo trovare imprese il cui governo è strutturato attraverso percorsi simili a quelli utilizzati da imprese con forme diverse di distribuzione delle quote societarie (ossia laddove gli azionisti possono essere fondi, persone giuridiche e distribuiti attraverso le più variegate forme partecipative). Allo stesso tempo analoga riflessione vale seguendo le modalità attraverso le quali queste imprese vengono gestite (anche in questo caso si possono trovare aziende con forme gestionali assai complesse del tutto simili a quelle richieste, ad esempio, a società quotate come imprese che operano seguendo forme gestionali e processi poco strutturati).

[2] Di Mario Mazzoleni.

[3] http://www.beretta.com/it-it/world-of-beretta/holding/.

L'attributo familiare, quindi, non delimita il campo se non laddove fa emergere in modo chiaro la presenza di una famiglia (con il tempo anche di più rami familiari) sia con riferimento ai detentori delle quote societarie, sia, ma non obbligatoriamente, vedendo uno o più membri della famiglia rivestire ruoli gestionali di maggiore o minore rilevanza.

Partendo da queste considerazioni che riducono di molto la possibilità di classificare questa tipologia di impresa, si possono, comunque, tracciare alcuni elementi che, in modo più o meno rilevante, possono riscontrarsi in questo genere di aziende.

Facendo riferimento alla Tav. 1, possiamo individuare alcuni elementi rilevanti nella gestione (strategica e operativa) di un'azienda dove il modello familiare può rappresentare elemento di una possibile criticità o rilevanza positiva.

Tav. 1 – L'azienda familiare: un esercizio interpretativo

	GOVERNANCE	GESTIONE STRATEGICA	DISTRIBUZIONE RESPONSABILITÀ OPERATIVE	GESTIONE FINANZIARIA	HR	PASSAGGIO GENERAZIONALE
Azienda familiare chiusa di prima o seconda generazione	Indipendentemente dalle esigenze di natura formale guida verticistica basata sulle competenze "tecniche" più che imprenditoriali del (della) capofamiglia o del successore.	Scelte comunicate alla famiglia e alla struttura aziendale con visione non di lungo periodo. La centralità strategica passa attraverso ricerca di equilibri finanziari e di mercato.	Esiste una sovrapposizione tra ruolo imprenditoriale gestionale che rimane anche con la crescita dimensionale e l'innesto di figure tecniche e/o manageriali.	Forte orientamento all'autofinanziamento e limitato ricorso a forme evolute di supporto finanziario alla crescita.	Famiglia allargata e rapporti diretti, poca formalizzazione e ricorso a strumenti classici di gestione delle risorse umane. Ingresso in azienda per "contatto" e/o per conoscenza. Orientamento al coinvolgimento a vita. Attenzione alla relazione umana	In prevalenza non esiste pianificazione e nemmeno selezione. A volte si ricorre alla seleziona naturale con conseguenti effetti sull'equilibrio e stabilità aziendale. Mediamente discriminante nei confronti del genere femminile.

	GOVERNANCE	GESTIONE STRATEGICA	DISTRIBUZIONE RESPONSABILITÀ OPERATIVE	GESTIONE FINANZIARIA	HR	PASSAGGIO GENERAZIONALE
Azienda familiare aperta con presenza di diversi nuclei o di generazioni successive alla prima	La formalizzazione dei processi aiuta a definire modalità di indirizzo e di confronto che arrivano a coinvolgere nella governance figure esterne (indipendenti) in grado di supportare l'orientamento strategico.	Il confronto passa attraverso forme di indirizzo strategico strutturate e formalizzate che coinvolge anche professionisti e attiva processi bottom-up.	I familiari coinvolti sono tendenzialmente selezionati sulla base di filtri orientati alla competenza. A volte si generano conflitti tra sfera operativa e di governance. Complessità nascono quando i nuclei coinvolti nella governance creano link diretti su base di appartenenza familiare.	Autonoma e legata alle prospettive strategiche nonché alle valutazioni sui ritorni degli investimenti da parte dei nuclei familiari coinvolti. Ricorso a forme di finanziamento anche evolute.	Funzionale e professionale in grado di sviluppare strumenti adeguati alle sfide aziendali. Il reciproco "controllo" esercitato tra i nuclei aiuta a selezionare per "competenze" sia all'interno delle famiglie sia all'esterno.	Sovrapposizione di logiche ed esperienze diverse legate alle scelte dei diversi nuclei familiari ma filtro comunemente accettato.

	GOVERNANCE	GESTIONE STRATEGICA	DISTRIBUZIONE RESPONSABILITÀ OPERATIVE	GESTIONE FINANZIARIA	HR	PASSAGGIO GENERAZIONALE
Azienda familiare orientata all'indirizzo (governance) con separazione tra famiglia e management	La separazione tra "famiglia" e "management" passa attraverso l'accettazione di limiti reciproci e della necessità di trovare equilibri tra visioni di medio lungo e di breve.	Separazione dei ruoli e formalizzazione dei processi di indirizzo e gestione. Dialettica "Top-down e Bottom-up" come sfida per lo sviluppo.	Nessuna sovrapposizione (se non per manifesta adeguatezza al ruolo riconosciuta da tutti).	Autonoma e legata alle prospettive strategiche nonché alle valutazioni sui ritorni degli investimenti da parte dei nuclei familiari coinvolti. Ricorso a forme di finanziamento anche evolute	Funzionale e professionale in grado di sviluppare strumenti adeguati alle sfide aziendali. Il reciproco "controllo" esercitato tra i nuclei aiuta a selezionare per "competenze".	Si definiscono logiche di selezione da adottare all'interno di ogni gruppo familiare. Filtro comunemente accettato

	GOVERNANCE	GESTIONE STRATEGICA	DISTRIBUZIONE RESPONSABILITÀ OPERATIVE	GESTIONE FINANZIARIA	HR	PASSAGGIO GENERAZIONALE
Azienda familiare orientata alla gestione (con ruolo di governance sostanzialmente nelle mani del capo famiglia)	La "visione" strategica ruota intorno al "saper fare" e al saper rispondere alle esigenze (anche anticipatoriamente) del mercato. Pancia a terra e pedalare.	Fondamentalmente orientamento al "carpe diem" ossia alla gestione giorno per giorno, supportata da una gestione flessibile e orientata all'efficienza. Il mercato guida/chiede e l'azienda risponde.	Completa sovrapposizione.	Prevalenza al ricorso all'autofinanziamento e limitato ricorso a forme evolute di supporto finanziario alla crescita.	Rapporti diretti e funzionali al ruolo, poca formalizzazione e ricorso a strumenti classici di gestione delle risorse umane. Ingresso in azienda per "contatto" e/o per conoscenza. Orientamento al coinvolgimento a vita. Attenzione alla relazione umana	In prevalenza non esiste pianificazione / selezione. Spesso si procede "per trauma" legato ad eventi naturali o imprevisti.

In conclusione, quindi, l'azienda familiare, rappresentando una tipologia ben consolidata non solo in Italia, come si evince nella Tav. 2, opera attraverso forme di indirizzo e di gestione tra le più variegate aprendo, nella sostanza, l'attività imprenditoriale alla possibilità di percorrere strade altamente innovative e libere da vincoli e forme organizzative rigide e consolidate con i conseguenti vantaggi e rischi che tutto questo comporta.

Tav. 2 – Le aziende familiari[4]

Continente	% aziende familiari su totale aziende	% sul PIL	% sull'occupazione
Europa	85%	70%	60% (più di 144 milioni di occupati)
Nord America	90%	57% USA 60% Canada	57% (più di 97 milioni di occupati)
America Latina	85%	60%	70%
Medio Oriente	90%	80%	70% (più di 67 milioni di occupati)[1]
Asia - Pacifico	85%	57% Sud Asia 32% Nord Asia	

Come si può vedere dalla Fig. 1 *Panoramica aziendale – dalla nascita dell'azienda fino ai primi anni Ottanta* –, la situazione, dagli inizi del 1979 fino al 1982, era modesta.

Il clima aziendale che si respirava nei primi tempi era intimo, ancora oggi c'è, tra i dipendenti, chi ricorda la "familiarità" di una giornata di lavoro, in cui poteva capitare che, con la scusa di ritirare un documento o qualche campione, si venisse invitati dal Sig. Triva ad andare a casa sua "soltanto per bere qualcosa in compagnia".

Così dopo aver trascorso insieme la giornata, ci si ritrovava sotto lo stesso tetto, a condividere ancora una volta idee, speranze, opinioni e non era insolito che sul tavolo, tra i bicchierini simbolo di quel nuovo e prorompente lavoro, si potesse trovare la farina, il mestolo e qualche tortellino mantovano preparato al momento.

Fig. 1 – Panoramica aziendale – dalla nascita dell'azienda fino ai primi anni Ottanta

Area	*Situazione*
Patrimonio	Cinquanta milioni di Lire
Prodotti	Uno
Luogo	Lesmo - Collebeato
Dipendenti	Dieci
Mercato principale	Giappone

[4] Fonte: *EY – Family Business Yearbook 2014.*

1.2. Le "Tate"

A volte le cose più semplici possono diventare straordinarie se sono fatte assieme alle persone giuste.

Nicholas Sparks

Dopo i primi passi, agli inizi degli anni Ottanta, l'azienda volle affrancarsi dal produrre unicamente coadiuvanti, decidendo di realizzare nuovi prodotti col fine di raggiungere altri clienti e diversi orizzonti. Per affermare verso quale mercato si fosse indirizzata, il suo acronimo "Copan" non venne più inteso come "Coadiuvanti per analisi", bensì "COllection and Preservation for ANalysis". Il raggiungimento di questo obiettivo, più ampio e globale, necessitava dell'ingresso in campo di nuove figure aziendali.

Lucia Piccinelli, da poco diplomata al Liceo linguistico, sostenne la mattina del 3 marzo del 1983 il colloquio col Sig. Triva: dopo aver tradotto lettere scritte in inglese e francese, ottenne l'impiego come traduttrice, iniziando a lavorare nello stesso pomeriggio. Venne inserita come supporto interno per le traduzioni, mansione che nella fase iniziale della vita dell'azienda era stata affidata a Tiziana Careni, traduttrice di un'agenzia esterna di Milano che collaborò con Copan dal 1979 al 1983.

Lucia Piccinelli, Brescia, anni '80

Lucia non era propensa a stare con le mani in mano, così quando il lavoro di traduzione terminava e la sua collega Bruna non le dava altre direttive, poteva capitare che, di propria iniziativa, organizzasse la produzione con i cambi stampi e con il gruppo di confezionamento. Successivamente venne inviata a partecipare a fiere di settore per fare da interprete e permettere così a Copan di farsi ancor più conoscere da clienti esteri: come nel maggio del 1984, in cui presenziò alla fiera MEC di Milano, una delle più importanti del settore di allora, dove, nonostante gli scarsi 12 m^2 di stand, si formò una buona affluenza e si crearono i primi contatti, con clienti che da allora rimangono nel portafoglio Copan ancora ai giorni nostri.

Nel 1985 entrò in azienda anche la figlia del Sig. Triva, Stefania: il fondatore aveva da sempre idealizzato che i suoi due figli studiassero economia e ingegneria, ritenendo che fossero i due rami più importanti nel coinvolgimento proficuo e nella crescita di un'impresa, di sicuro i più utilizzabili nel futuro che vedeva per la sua azienda.

Dopo aver iniziato gli studi di Economia e Commercio, Stefania sentiva questi temi sempre meno vicini a sé, così un giorno quando arrivò a tavola la proposta del padre: «cara figlia, in questo momento c'è un posto vacante in Copan all'interno del team commerciale. O prendi questo treno adesso, se ti interessa, oppure, quando sentirai di essere pronta, ti beccherai quello che ci sarà». Stefania decise di cogliere al volo l'offerta del padre.

Abbandonò gli studi di Economia, afferrò la maniglia di quel vagone pieno di sogni ed entusiasmo e cominciò così anche la sua avventura, prima in Inghilterra, affinché rafforzasse il suo Inglese, poi prendendo parte a diverse fiere per Copan, sotto la guida di Lucia, svolgendo al proprio ritorno in sede le tipiche azioni affidate a un giovane tirocinante. Sebbene fosse la figlia del Sig. Triva, a Stefania non vennero concessi favoritismi. Doveva guadagnarsi sul campo i meriti, insieme alla stima e alla fiducia dei propri colleghi. Nella Copan di allora, così come in quella di oggi, vigeva una regola non scritta per chi entrava a lavorare in azienda: «quando inizi, non importano i tuoi titoli o le tue esperienze pregresse, sei qualcuno nel momento in cui dimostri chi sei, soltanto a quel punto vengono riconosciuti i tuoi meriti».

Stefania Triva,
Brescia, anni '80

Prima che il lavoro di Stefania iniziasse a contribuire alla scrittura dei capitoli della storia di Copan, vennero assunte altre due figure che sarebbero diventate colonne portanti per l'impresa: Emanuela Zappa e Iole Bonera.

Emanuela Zappa, affettuosamente conosciuta oggi come "Emy", cominciò a lavorare il 1° febbraio del 1984, dopo aver fatto le prime esperienze lavorative nell'ufficio di un commercialista.

Emanuela, "armata" di una macchina per scrivere Olivetti, affiancò il Sig. Triva in amministrazione, occupandosi di buste paga, bonifici e altri movimenti bancari, divenendo anche famosa tra gli impiegati di alcune banche con cui l'azienda intratteneva rapporti finanziari che la vedevano comparire nei pressi degli istituti di credito in sella a un "Ciao" giallo spesso sfoggiando minigonne alla moda.

Oltre all'impegno è stato decisivo per la crescita di Copan anche l'adattamento, valore ben rappresentato nella figura di Iole Bonera: trovò posto in Copan nel 1985 all'età di 16 anni, quando, per un'esigenza familiare, fu costretta a trovarsi un lavoro e rinunciare alle vacanze estive. Inizialmente fu impiegata soprattutto nel turno dalle 14:00 alle 22:00 come operaia addetta al confezionamento, per poi occuparsi di altre mansioni in diversi orari, come addetta alle soffiatrici o alle presse. Dopo l'esperienza in produzione, lavorò in quasi tutti gli altri settori di Copan, dal magazzino all'ufficio acquisti, dal controllo qualità alla campionatura per poi approdare in amministrazione, gestendo anche il personale. All'occorrenza, Iole caricava anche il camion.

Emanuela Zappa,
Brescia, anni '80

Quando Copan è nata, contava tra le sue file una decina di dipendenti, al fine di far crescere un'azienda così piccola tutti ritennero pertanto importante dare una mano in tutto. Tale prerogativa di "adattamento" nello svolgere diversi tipi di mansioni, anche diverse l'una dall'altra, si è dimostrata una delle chiavi del successo di Copan.

Come tutte le "prime donne" che hanno lavorato in Copan e ancora oggi vantano una lunga carriera al suo interno, Emanuela e Iole erano coraggiose, con tanta voglia di fare. Il Sig. Triva riconosceva questi valori, come "quella marcia in più", che le sue dipendenti avevano, affermando che le donne possedevano una "prontezza" e "sensibilità" lavorativa maggiore rispetto agli uomini, un "senso del sacrificio" e una professionalità che le rendevano adatte a ruoli aziendali. Le vedeva lavorare duramente e spinto da un forte riconoscimento, forse ammirazione, restituì alle sue impiegate sempre più spazio in azienda, sapendo di poter contare su di loro.

(Da sin. verso des.), Lucia Piccinelli, Giorgio Triva, la figlia Stefania, una cliente, Daniele e la moglie
Brescia, anni '80

Lucia, in un mondo che non conosceva fax o internet, ma solo carta e telefono, gestiva i contatti, Emanuela si occupava delle commissioni finanziarie, Iole, sebbene giovanissima, avendo già accumulato una discreta esperienza, offriva la propria duttilità. Le donne in questa azienda hanno da sempre svolto un ruolo centrale, anche la moglie di Daniele Triva, Stefania, si ritagliò un posto all'interno dell'azienda, ancor prima del marito, dandosi da fare con la gestione degli ordini. Secondo quanto afferma ancora oggi il 90% delle persone che sono state intervistate per la stesura di questo libro, "Copan è femmina".

Il Sig. Triva diede la sua Copan neonata in braccio alle donne: attorno al suo ruolo da dirigente "factotum", un po' presidente un po' tecnico, non si può dimenticare il ruolo delle "Tate", un nomignolo affettuoso tipicamente mantovano con cui il Sig. Triva si rivolgeva a loro. «Dai, Tata, andiamo a prendere i panettoni per i dipendenti a Natale», diceva, quando l'azienda in realtà non se lo sarebbe potuto permettere. All'interno di Copan si creò un senso di appartenenza, di "famiglia", che fece sentire Lucia, Emanuela e Iole come figlie del titolare, tanto quanto lui si sentiva loro padre e di chi si stava impegnando per far diventare grande la sua azienda.

Al momento della prima fotografia della gestione aziendale, emergeva una preferenza nell'assumere donne nei ruoli di segreteria e in genere d'ufficio, contrapposta alla tendenza ad assumere uomini in produzione[5]. Rimarranno, invece, famosi i primi meccanici e attrezzisti uomini che hanno "fabbricato" la storia di Copan, sporcandosi le mani con le macchine aziendali, quali: Volpi Giulio, uno dei primi dipendenti Copan, poi alcuni tra gli uomini che collaborarono a introdurre l'innovazione in produzione alla fine degli anni Ottanta, come Franco Limoli, Valter Grandi, Mauro Manza, Roberto Romano e Luigino Maritato. Quest'ultimo, inoltre, fu un pilastro su cui l'azienda poté basarsi per realizzare, negli anni a venire, importanti progetti legati al welfare aziendale, come il ristorante e il progetto "Peter Pan".

Dopo il primo prodotto che Copan realizzò per i macchinari Toa®, vennero introdotti nuovi stampi che permisero dal 1985 di cominciare a produrre anche i bicchierini per macchinari Reico®, bicchierini Coulter®, scatole Petri, curvette micro e macro, pipette e ciotolini Paymark®. La produzione era giornalmente di 30.000 bicchierini, circa 50.000 pipette, 6.000 tamponi, con un limitato utilizzo di attrezzature. Ciò portò Copan a operare come terzista; il suo fatturato cresceva di anno in anno legato anche all'aumento dei clienti, permettendo un lieve incremento nel numero dei dipendenti, così come riassunto nella Fig. 2 *Panoramica aziendale – dal 1983 al 1985*, e avvicinandola, un passo alla volta, verso gli obiettivi di crescita che si era posta.

Dopo qualche anno dalla nascita dell'azienda, i soci che avevano aiutato a fondare Copan si ritirarono volontariamente, cedendo nel tempo le proprie quote e lasciando ufficialmente l'azienda sulle spalle del Sig. Triva e delle sue "Tate".

Fig. 2 – Panoramica aziendale – dal 1983 al 1985

Area	*Situazione*
Fatturato	Un miliardo di Lire
Prodotti	Dieci
Luogo	Lesmo - Collebeato
Dipendenti	Quindici
Mercato principale	UK - USA - Francia - Giappone

[5] Ai giorni nostri, moltissime donne vengono invece ampiamente assunte in produzione: spesso la loro sensibilità creativa le porta a essere precise nei lavori in fabbrica, ben coordinandosi con le abilità degli uomini nei compiti manuali.

1.3. Il caos organizzato

> Sicuramente i più coraggiosi sono coloro che hanno la visione più chiara di ciò che li aspetta, così della gioia come del pericolo, e tuttavia l'affrontano.
>
> *Tucidide*

Copan era come una bambina che stava crescendo, per questo richiedeva continue attenzioni. I dipendenti erano pochi, gli ordini cominciarono ad aumentare e la scelta strategica del Sig. Triva fu di ottimizzare la produzione, acquistando due macchine per la stampa della plastica, una a iniezione e una a soffio, in quanto buona parte dello stampaggio veniva principalmente svolto da un'azienda terza localizzata nella provincia di Reggio Emilia. Proprio a causa di un malfunzionamento di uno di questi macchinari, nel 1984 il Sig. Triva conobbe Ladislao Mattiuzzo, un giovane tecnico che, con la sua efficienza, lo colpì a tal punto da proporgli un'assunzione in Copan. Dopo aver ricoperto diversi ruoli nella linea di progettazione e produzione dello stampaggio, Ladislao dovette allontanarsi da Copan per necessità familiari, ma riuscì a rientrare in azienda nel 2010.

Nel periodo tra il 1984 e il 1985 la situazione dell'azienda non garantiva la necessaria indipendenza dal punto di vista finanziario, dovendo, dunque, ricorrere a prestiti bancari. Le banche, si sa, vedono di buon occhio chi ha una solida base patrimoniale e storcono il naso, invece, nell'erogare crediti a coloro che, avendone bisogno, non offrono sufficienti garanzie di "solvibilità".

Potremmo quasi paragonare la Copan di allora a una start up dei giorni nostri: grandi sogni, tante incombenze. Con fatica, il Sig. Triva ottenne dalle banche i prestiti che gli servivano per gli investimenti già programmati e decise così nel 1986 di azzardare lo spostamento della sede operativa di Copan da Collebeato a Bovezzo, negli ex capannoni Tanghetti in via Cesare Battisti.

La speranza era di trovare un posto più grande in cui l'azienda potesse crescere, ma, sfortunatamente sempre nello stesso anno, Copan affrontò una fra le più impegnative prove in cui può cimentarsi una giovane impresa: la sottoscrizione di un accordo di cassa integrazione. I motivi che portarono a scegliere questa strada, nascevano soprattutto dalle difficoltà incontrate a coprire gli oneri legati ai molti investimenti, con gli incrementi di fatturato e di reddittività.

La macchina si muoveva ma a ritmi più lenti del necessario, quindi la strada di un sostegno temporaneo fu scelta proprio per permettere ai motori di iniziare a girare adeguatamente.

Gli obiettivi posti a questo punto furono di gestire la crisi avendo cura di non farla ricadere sul personale: nessuno venne licenziato, mentre alcuni impiegati contribuirono ad affrontare alcune situazioni critiche di natura finanziaria, in qualche caso posticipando addirittura il ritiro del proprio stipendio, col nobile intento di voler sostenere la "propria" Copan, commuovendo e sorprendendo il Sig. Triva. Lui stesso, spesso, rinunciò a percepire il proprio salario, facendo affidamento sulla pensione della madre Rosa e sullo stipendio della moglie Mirta.

La volontà del Sig. Triva era di sostenere "il bene di Copan", traducendolo nel "benessere" dei propri dipendenti, una visione[6] questa che tutt'oggi si auspica e si tende ad applicare nelle più moderne imprese. Oltre ai propri impiegati, il Sig. Triva inserì nel "bene aziendale" anche l'accontentare i propri clienti, realizzando nuovi prodotti come le pipette Pasteur. Vennero stampate in differenti dimensioni e capacità al fine di soddisfare le varie richieste: quelle prodotte da 1 ml e 3 ml per le operazioni di trasferimento di liquidi, quelle a soffietto per i prelevamenti, altre per uso capillare e per i kit medici. Anche i bicchierini che avevano segnato gli esordi di Copan vennero, a loro volta, progettati per altri strumenti di autoanalyzer, quali le macchine Hycel® e Seac®, e venduti in tutto il mondo.

[6] In quegli anni C. Masini (*Lavoro e risparmio*, Utet, Torino 1979) parlava della necessità di "contemperare gli interessi" tra i vari soggetti per i quali la vita duratura dell'azienda rappresentava l'occasione di soddisfare proprie e diverse aspettative evidenziando tra questi in primis i portatori di capitale e i lavoratori. E pochi anni dopo il concetto venne ampliato da E. Freeman (*Strategic Management: A Stakeholder Approach*, Harpercollins College 1984), inserendo i clienti, gli enti territoriali, i fornitori, le istituzioni finanziarie, i cittadini e altri soggetti ancora.

Grazie all'acquisto di attrezzature aggiuntive impiegate per la sbavatura, il soffiaggio e l'etichettatura, si raggiunse una produzione al giorno di circa sessanta mila bicchierini e quasi settanta mila pipette, il tutto mentre il confezionamento era ancora manuale. Le nuove azioni, orientate al consolidamento di Copan, andarono di pari passo con un continuo aumento della posizione debitoria verso le banche[7], tuttavia il faticoso passaggio dal 1986 al 1990 vide un lento incremento del fatturato di circa un 2% annuo, arrivando a sfiorare il miliardo di Lire per merito, soprattutto, del volume di affari esteri.

Come fotografato con la Fig. 3 – *Panoramica aziendale – Dal 1986 al 1992*, aumentarono gli introiti e si raggiunsero gli obiettivi prefissati durante la cassa integrazione. Molti dovettero affrontare svariati sacrifici, che non hanno soltanto permesso di sostenere la Copan di allora, ma sono alla base delle fondamenta che sorreggono ancora oggi l'azienda. Ognuno, dal presidente all'ultimo operaio addetto alla produzione, ha subìto quella che potremmo chiamare una rivisitazione in chiave bresciana del sistema "Lean production", ovvero la produzione "snella" arrivando a realizzare processi efficienti e attenti a minimizzare gli sprechi[8].

Bovezzo, mezzo Copan

Bovezzo, 1989

[7] Un simpatico aneddoto riguarda lo strumento delle cambiali, utilizzate molto spesso in questa fase storica dell'azienda e chiamate "farfalle" data la loro sostanza esigua e fugace nelle risorse finanziarie di Copan.

[8] Il tema della cultura della semplificazione trova ampi riferimenti nei testi che descrivono i modelli aziendali che hanno radicalmente cambiato i sistemi produttivi nel secolo scorso tra i

Un segno distintivo del Sig. Triva era il suo approccio imprenditoriale, edificato sulla determinazione e "il rischio", e fu proprio questa sua sagacia nell'investire anche in situazioni molto delicate, "caotiche", a garantire all'azienda di uscire dall'accordo della cassa integrazione nel 1992.

Fig. 3 – Panoramica aziendale – dal 1986 al 1992

Area	*Situazione*
Fatturato	Due miliardi e mezzo di Lire
Prodotti	Venti
Luogo	Bovezzo
Dipendenti	Quindici
Mercato principale	UK - USA - Europa - Giappone

testi uno tra i più chiari è edito da Liker, Jeffrey K., *The Toyota Way :14 Management Principles from the World Greatest Manufacurer*, McGraw-Hill, New York c2004

2. L'AZIENDA ECLETTICA

Dagli anni Novanta fino al 2014

È proprio quando credete di sapere qualcosa che dovete guardarla da un'altra prospettiva.

Dal film *L'attimo fuggente*

2.1. Viva gli ingegneri!

Il talento è come un tiratore, il quale colpisce un bersaglio che gli altri non sanno cogliere, mentre un genio è come un tiratore, il quale colpisce un bersaglio che gli altri nemmeno riescono a vedere.

Arthur Schopenhauer

In questa fase storica di Copan tra il 1986 e il 1992, entrò in scena un protagonista estroso, empatico, geniale: Daniele Triva.

Daniele, al tempo, stava finendo gli studi di Ingegneria e amava definire i laureati in questa disciplina come "i Dominus dell'emancipazione dell'umanità". Molti suoi colleghi, ancora oggi, raccontano quanto lui amasse idealizzare la figura degli ingegneri, che posizionava al confine tra esseri umani, con pregi e difetti, e super eroi, dotati di quella marcia in più in grado di salvare le persone, ma soprattutto di farle volare in alto.

Nel 1986, mentre proseguiva i suoi studi, Daniele iniziò a conoscere la realtà aziendale, prima che dai piani alti gestionali, il giovane Triva iniziò dalla fabbrica, svolgendo attività sul campo così da "sporcarsi spesso le mani". Ufficialmente entrò in Copan nel 1988, come supporto tecnico a seguito di un'emergenza operativa. Chi meglio di un ingegnere poteva risolverla? Ma l'entrata di Daniele fu tutt'altro che semplice e certamente non facilitata dal padre.

Si trovò nei primi tempi alle direttive del capo della produzione e non sotto l'ala paterna: la realtà di Copan, voluta ancora ai suoi albori dal Sig. Triva, era quella di un ambiente familiare e accogliente, ma in cui i galloni andavano guadagnati sul campo, come avvenne successivamente anche con Stefania Triva e tutti gli altri dipendenti.

Essendo il figlio dell'imponente figura del Sig. Triva, fu inevitabile che tutti i colleghi lo tenessero sotto osservazione, al fine di verificare se il suo agire sarebbe stato come quello del padre. Insomma, se avesse ereditato le capacità paterne o mostrate altre.

Durante i primi anni di lavoro, non mancarono tra Daniele e il Sig. Triva le discussioni su alcune vedute aziendali, opinioni, qualche costruttivo scontro, forse, tra due caratteri pubblicamente riconosciuti come diversi: il padre, più "esigente", pretendeva molto dalle persone, era diretto e poco diplomatico, indisponendosi se qualcuno non lavorava nel modo da lui ritenuto più ottimale.

Una frase tipica del Sig. Triva era: "se penso che una persona può darmi 100, non mi accontento dell'80". Non portava, però, rancore, aveva un suo modo visionario di dirigere l'azienda, un atteggiamento da capo, che sapeva però essere molto vicino alle classi operaie. Avendo lavorato con gli operatori ecologici, riteneva che dagli operai venisse la vera forza dell'azienda.

Il sistema manageriale impostato dal Sig. Triva era quello di un uomo di cinquant'anni, della generazione delle guerre mondiali, che aveva perso il lavoro e si era rimboccato le maniche al fine di guadagnare una nuova opportunità, attraverso una sua azienda di produzione. Era di certo un uomo "all'antica", abituato a fare tanto con poco, concreto, che controllava minuziosamente quello che avveniva dentro la sua Copan. Il modus operandi del Sig. Triva, tuttavia, non era mancanza di fiducia nei propri dipendenti e nel come svolgevano il proprio lavoro, ma un'eredità del suo passato e una caratteristica che gli servirono per azionare gli ingranaggi della sua azienda. La fiducia, in Copan, è ancora adesso uno dei valori portanti che ne hanno supportato l'andamento e, potremmo dire, il successo.

Daniele Triva, Brescia, foto di repertorio

Daniele, invece, si rivelò, nel tempo, più "diplomatico" rispetto al padre, più attento a evitare gli scontri, preferendo preservare le relazioni. Il suo voler accontentare dipendenti e clienti si accostava a una metodica azione di controllo, dato che, nel momento in cui passò a capo dell'azienda, doveva passare al vaglio di Daniele qualsiasi decisione aziendale, ponderata e spesso rivalutata da lui.

Se la decisione da prendere non rientrava tra le sue competenze, Daniele studiava la materia per poter poi dare una valutazione più corretta, colmando così le sue lacune, ma, conseguentemente, questo rese la sua figura ancor più preparata, necessaria, al punto da diventare il cardine aziendale a cui tutti dovevano fare affidamento.

Nella tabella che segue – Tab. 1 –, emerge la sintesi di quella che sarebbe una lunga – e sicuramente interessante – analisi, realizzata grazie alle testimonianze di chi ha potuto conoscere queste due figure:

Tab. 1 – Sig. Triva e Daniele, eredità o evoluzione?

SIG. TRIVA	DANIELE TRIVA
Determinato	Innovativo
Attento allo spreco	Tollerante
Esigente	Diplomatico
Paterno	Fraterno
Azzardato	Riflessivo

Come detto, non ci fu sin da subito un capovolgimento manageriale all'interno dell'azienda: dapprima Daniele fu un'ombra, una sfumatura di passaggio, come quella di tanti nuovi assunti. Soltanto col tempo e con le scelte, avrebbe comprovato – e guadagnato – il suo ruolo all'interno di Copan, per poi, successivamente, ereditare dal Sig. Triva l'azienda.

Ciò che mutò nel momento in cui Daniele entrò in Copan, fu l'acquisire la consapevolezza di potere realizzare quello che fino ad allora aveva soltanto discusso col padre, ovvero cambiare il profilo aziendale.

L'idea che cambiò per sempre il destino dell'azienda nacque nel 1988 durante una trasferta dell'ufficio commerciale a Parigi: Daniele disse a Stefania che era necessario "differenziarsi". Anche la sorella aveva intuito che continuare a produrre solo bicchierini e pipette non avrebbe garantito alla lunga la stabilità aziendale. La competizione era troppo pressante, quindi l'idea fu di concentrarsi su un settore diverso rispetto ai prodotti generici in plastica per laboratori che producevano fino a quel momento. Stefania ipotizzò di indirizzare la fabbrica verso una nicchia di settore specialistico in grado di offrire maggiore valore aggiunto: avrebbe dovuto essere un segmento di mercato che potesse garantire una differenziazione efficace, in grado di raggiungere una clientela e una possibilità di profitto più ampie. Perché rimanere "produttori di plastica" e per giunta terzisti? Perché non orientarsi verso nuovi orizzonti?

La scelta ricadde così per una ragione ben specifica su un ramo della microbiologia generica, ovvero la preanalitica: nel momento in cui un reagente viene aggiunto a un contenitore, questo smette di essere un semplice contenitore in plastica e diventa un prodotto che risponde ad altre esigenze di mercato, quindi si "differenzia". Copan produceva già recipienti in plastica, se fosse riuscita a realizzare e aggiungere anche i reagenti che fossero stati in grado di influenzare il campione prima di essere analizzato in laboratorio, evitando di alterare i risultati dei referti e scongiurando analisi errate, avrebbe fatto la differenza nelle vite dei pazienti e, di conseguenza, nel futuro dell'azienda.

Al fine di realizzare questo nuovo obiettivo, fu necessario creare un laboratorio all'interno dell'azienda. Questa idea fu figlia, a sua volta, di un'altra intuizione, "fare tutto in casa", applicata tempo prima dal Sig. Triva con l'investimento nei macchinari per ottimizzare la produzione interna. Replicare questo sistema anche per il laboratorio, avrebbe garantito un risparmio in tutti i sensi, dai tempi di produzione fino a numerose altre tipologie di costi, inoltre "fare tutto in casa" avrebbe aiutato a perseguire quel fine considerato centrale sin dagli inizi dell'azienda, ovvero volgere le strategie aziendali a soddisfare le richieste dei mercati e dei clienti, differenziandosi dagli altri.

Creare un terreno di trasporto per la batteriologia era il passo fondamentale per approdare al mondo della preanalitica, in quanto i terreni – in inglese "transport medium" – sono soluzioni liquide o solide che contengono le sostanze conservanti per mantenere in vita i patogeni, consentendo ai laboratori di gestire la logistica dei campioni su distanze e con tempi di trasporto ben più ampi di quanto possibile fino a quel momento.

Un progetto così importante richiese una nuova tipologia di personale: nel 1988 l'azienda era sprovvista di pH-metro e un cliente tedesco fece notare a Daniele quanto questo strumento fosse indispensabile per la valutazione delle materie dei suoi terreni.

Così Daniele delegò un'impresa esterna per fare le dovute rilevazioni e quando ebbe il report tra le mani, colpito dall'accuratezza della stesura del documento, desiderò contattare Roberto Paroni, autore del fascicolo, per incontrarlo.

«Galeotto fu il pH-metro!», ancora oggi, Roberto ricorda con affetto questa vicenda legata alla sua assunzione. La proposta lavorativa, infatti, arrivò subito dopo la prima telefonata tra i due e così si cominciò a studiare microbiologia in Copan, grazie al supporto di Roberto come responsabile di laboratorio.

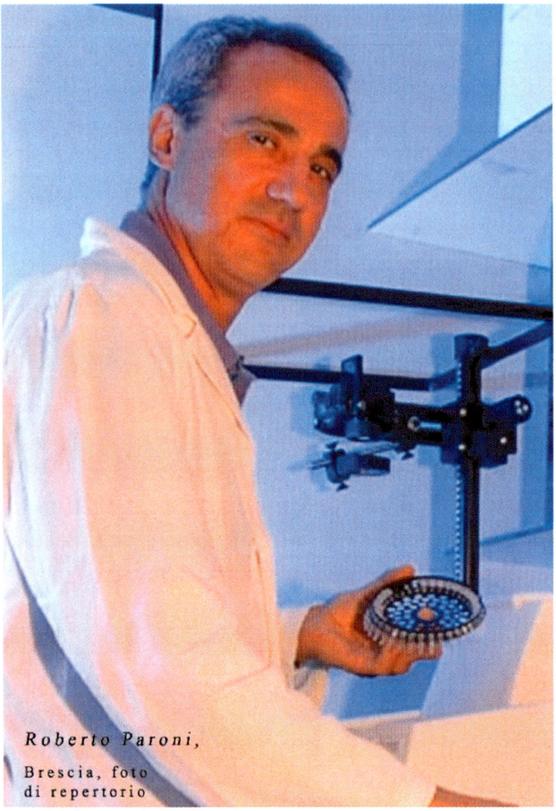

Roberto Paroni, Brescia, foto di repertorio

Si studiarono, dunque, quali prodotti realizzare in azienda per il mercato della preanalitica e la scelta ricadde su una particolare tipologia di tamponi con terreno di trasporto[1]: nacque così il Transystem.

Per approdare ai Transystem®, termine che nasce dalla sintesi di "Transport + system", ovvero strumento di trasporto e conservazione di campioni biologici di varia provenienza, Copan dovette realizzare i componenti che, oltre al terreno, avrebbero formato il prodotto: il contenitore tubolare in plastica e il tampone. Quest'ultimo, conosciuto per lo più sul mercato nella relativa traduzione inglese "Swab", ancora alla fine degli anni Ottanta, era un banale bastoncino realizzato in legno, tutto al più in plastica o alluminio, con sulla cima un batuffolo di cotone o di fibre di plastica.

Circolano diverse leggende sulla nascita dei bastoncini per i tamponi, ma solitamente l'origine si attesta intorno agli anni Venti, grazie all'idea avuta da un inventore di origini polacche di nome Leo Gerstenzang.

I primi Transystem® realizzati in Copan provennero dai campioni ideati a metà degli anni Quaranta dal prof. Stuart, originariamente sviluppati per il trasporto del batterio Gonococco. Grazie ai successivi studi, questo primo terreno si rivelò utile anche per il trasporto di altri batteri, una volta modificata la composizione di base che comprendeva carbone vegetale. Questi gli

[1] I tamponi con terreno di trasporto (Transystem) sono specificamente realizzati per la raccolta e la conservazione in condizioni ottimali dei campioni per l'analisi microbiologica. I Transystem sono costituiti da un involucro sterile contenente un tampone con punta soffice, non irritante per il paziente, non tossico per i microrganismi e da una provetta di plastica preetichettata con il terreno di trasporto.

ingredienti – rappresentati nella Tab. 2 – che formavano il terreno dei campioni degli anni Sessanta.

Tab. 2 – Ingredienti Stuart medium[2]

INGREDIENTI	GR.
Sodium glycerophosphate	10.000
Sodium thioglycollate	1.000
Calcium chloride	0.100
Methylene blue	0.002
Agar	3.000
Final ph (at 25°c)	7.4±0.2

Le alternative a questa composizione spaziavano dalla sostituzione, introdotta dal prof. Ringertz, del carbone vegetale col tioglicollato di sodio, che permetteva un incremento del recupero degli agenti anaerobici, fino all'aggiunta del metilene blu, come indicatore dell'ossidazione, in quanto allo stato normale l'agente appariva incolore, mentre, se ossidato, diventava blu. Nel 1967 venne proposta la soluzione di integrare l'Agar, un polimero ricavato da alghe rosse, al fine di migliorare il recupero del GC da campioni clinici: C. R. Amies, medico microbiologo dell'Ontario Public Health Laboratories (PHL), utilizzò questo gelificante naturale come componente per il terreno, idea che sosterrà anche Copan, integrandola in alcuni dei suoi modelli Transystem®.

In poche parole, i Transystem® furono disponibili in diversi formati e materiali: alla fine degli anni Ottanta venivano prodotti in associazione al sistema di prelievo, che si omologava alle forme presenti sul mercato. Per l'asta si utilizzavano ancora il legno, l'alluminio e la plastica, per il terreno si realizzavano versioni con e senza carbone, con la composizione di Agar oppure con il terreno di Stuart o di Cary Blair. Per il batuffolo del tampone, invece, veniva usata una fibra di cotone o tessuto sintetico, in base alle diverse esigenze del cliente, fornendo così una delle gamme più complete di Swab di quei tempi.

Con questo prodotto, Copan mosse il primo passo verso l'obiettivo di diventare produttrice e non più terzista: l'azienda reinventò il prodotto Transystem® grazie alla rielaborazione delle formule del reagente, apportando una performance maggiore al terreno. Per i non addetti al settore, una qualità maggiore del reagente, si traduceva con un prodotto migliore, visto che i campioni così potevano sopravvivere il più a lungo, offrendo, inoltre, una scelta privilegiata per i clienti, in quanto un prodotto simile era un'esclusiva Copan.

[2] Font per ingredienti di base usati nel terreno di Stuart: http://himedialabs.com/TD/M306.pdf.

Copan Italia Bovezzo

Brescia, fine anni '80

Copan realizzò, successivamente, un ulteriore elemento innovativo, con il Transystem® Venturi, un tubo strozzato dove il terreno veniva richiuso, mantenendo un ambiente di anaerobiosi, a seguito della rastremazione del tubo nell'inserimento dell'asta. Il Venturi fece fare un secondo passo in avanti all'azienda, poiché questo prodotto ampliava il range dei batteri analizzabili e, conseguentemente, soddisfaceva ulteriori richieste di mercato.

Il terzo passo compiuto da Copan fu di investire nell'evoluzione dei macchinari di produzione, perfezionando gli strumenti che producevano le aste dei tamponi: fino ad allora la colla usata per attaccare il tessuto all'asta, aveva una consistenza troppo densa, imprigionando buona parte del campione. Copan migliorò la capacità di rilascio del tampone, integrando direttamente l'asta alla punta, togliendo così buona parte della colla e ottimizzando, quindi, l'efficienza del prodotto.

Si trattò di uno sviluppo di competenza generale dell'azienda, una nuova veste, una nuova prospettiva.

La Fig. 4 – *Panoramica aziendale – anno 1989* – riassume una situazione che, nonostante non fosse delle migliori a causa della cassa integrazione, mostra un'azienda in grado di sostenersi, anzi, di crescere lentamente. Dopo il periodo dei rischi e dei capitali sempre in bilico, l'azienda trovò, alla fine degli anni Ottanta, una continuità produttiva, grazie al buon inserimento nel mercato di alcuni prodotti, in particolare le pipette Pasteur. La rotta che la nave chiamata Copan aveva iniziato a solcare, era stata tracciata dal Sig. Triva, tuttavia la visione di Daniele era di potenziarla saldandole delle ali e mandarla in alto come un'astronave, facendola crescere e consolidarsi insieme alla "sua gente".

Daniele già allora era così: aperto agli altri, spontaneo, coinvolgeva tutti, contagiandoli con la sua passione. Non che con il Sig. Triva fosse difficile parlare, quando entravi nella sua azienda, sembravi diventare parte della sua famiglia, come già visto nel caso delle "Tate". Ma con Daniele era diverso. Sembrava che una volta valicata la porta del suo ufficio, attraversavi in qualche modo anche la porta del suo cuore.

Fig. 4 – Panoramica aziendale – anno 1989

Area	*Situazione*
Fatturato	4,6 miliardi di Lire
Prodotti	Settanta
Luogo	Bovezzo
Dipendenti	Venticinque
Mercato principale	UK - USA - Europa - Giappone

2.2. 1It's not Rocket Science!

Senza entusiasmo non si è mai compiuto nulla di grande.

Ralph Waldo Emerson

Siamo al punto di una Copan adolescente, ribelle, che vuole cominciare a vedere il mondo. Non essendo più soltanto una comparsa nella storia del mercato della preanalitica, bensì un'attrice protagonista, dovette aprire una sede lì, dove questo mercato è nato, cresciuto e diffuso, gli USA.

Anche il settore commerciale, ai tempi capitanato da Lucia Piccinelli, doveva crescere, per questo si cercarono nuove figure: nel giugno del 1989 fece il suo ingresso in azienda Alberta Roversi.

Alberta ebbe l'incarico di gestire i mercati esteri emergenti. Rimane famosissimo uno dei suoi primi viaggi con Daniele nel 1990, tra l'Algeria e il Marocco: dovevano incontrare un potenziale cliente, ma nel tragitto per l'ambasciata italiana in Marocco, Alberta sparì col taxi di fronte a un inerme Daniele. «Allora avevo ventitré anni, ma non ero sprovveduta, sapevo che il taxi stava semplicemente facendo il giro del palazzo per trovare parcheggio. Ma quando mi son rivista con Daniele, era impallidito, terrorizzato: pensava mi avessero rapito!» Un racconto che rappresenta la figura di Daniele a quel tempo: un eccentrico, emozionato fratello maggiore.

La stessa emozione, ingenua, pura, esplosiva, Daniele la riportò anche quando andò per la prima volta, sempre con Alberta, negli Stati Uniti.

Dopo una decina di ore passate sull'aereo, Daniele toccò terra con la curiosità di un bambino. In America trovò la sua terra promessa, la sua Neverland, una sensazione che provò nuovamente in Giappone, uno dei posti che più amò rivisitare per lavoro.

Le persone che hanno conosciuto Daniele e l'hanno seguito soprattutto in questi viaggi, affermano che lui era così: genuino, spontaneo, magnetico, una persona che ispirava fiducia. Appassionante e appassionato, un vortice travolgente di vivacità. Se riusciva a far divertire anche i clienti durante le cene aziendali, ci sarà qualche verità in fondo al mito cucitogli addosso.

Altre figure che conobbero bene Daniele in questo periodo e aiutarono a far volare sempre più in alto Copan, furono Ivana Cingia, Claudio Morzenti e Pierangelo Valzelli.

Ivana venne assunta il 19 gennaio del 1990, occupandosi della logistica per Copan, fino a diventare il pilastro di questo settore aziendale; Claudio aveva 26 anni quando, nel 1990, rispose a un annuncio sul Giornale di Brescia e sostenne il colloquio con il sig. Triva. Avrebbe dovuto sostituire Emanuela in procinto di entrare in maternità e fu infatti lei a suggerirne l'assunzione.

Claudio Morzenti, Brescia, foto di repertorio

Grazie ai suoi studi e alla sua diplomazia, Claudio sarà un elemento chiave per la gestione aziendale e dei patrimoni, soprattutto nei mercati esteri, in questo caso anche con la collaborazione poi, intorno agli anni 2000, dell'avvocato Gianvirgilio Cugini, specializzato in materia di contratti.

L'avvocato Cugini da allora ha sempre ha affiancato la famiglia in ogni occasione nella quale c'è stata l'esigenza di riflettere sulle strade da percorrere, per rafforzare la compagine societaria o per ampliare la portata d'azione dell'impresa. In breve tempo, il suo apporto è diventato fondamentale, andando a rappresentare un altro dei pilastri, ancora ai giorni nostri, sui quali la famiglia Triva può contare, entrando a pieno titolo tra i componenti della stessa.

La storia di Pierangelo, invece, è catalogabile tra quelle "speciali": non è laureato, ma è quel tipo di uomo che al posto dei titoli lascia parlare le proprie abilità artigianali. Iniziò a lavorare in Copan nel 1990 entrando a far parte del team della produzione, quando la produttività – parliamo di etichettatura – si aggirava intorno ai 200 pezzi all'ora, mentre ai giorni nostri le quantità raggiungono i 20.000 l'ora.

Daniele era la fucina, Pierangelo il fabbro, talvolta viceversa.

Fu per merito del loro lavoro sinergico se in Copan si svilupparono le macchine automatizzate per la produzione – sistemi di etichettatura, soffiaggio etc. –.

Pierangelo Valzelli e Alberta Roversi, Brescia, foto di repertorio

La prima innovazione tecnologica realizzata in Copan, fu la creazione di macchine adibite allo smaterozzamento delle pipette: dopo aver comprato le COMASO®, apparecchi specifici per stampaggi in plastica, il team della produzione studiò modifiche da apportare a questi strumenti per automatizzare il procedimento di smaterozzamento[3] della plastica e, così, ottimizzare la produzione. Nascono le "Ghibli", macchine, a quel tempo, uniche in tutto il mondo capaci di automatizzare questo processo, permettendo di aumentare i volumi di produzione e conseguentemente clientela e fatturati.

Il più grande competitor del settore svolgeva questo processo in Messico, ad alti volumi e bassi costi. Copan, invece, voleva migliorarsi e implementare questo processo al suo interno, migliorandolo dal punto di vista qualitativo, ma con un contenuto livello di costi.

Le Ghibli confermarono l'abilità di Copan di "fare tutto in casa": senza questi apparecchi non sarebbero poi nati i presupposti per migliorare anche altri processi, in quanto gli ottimi risultati diedero la motivazione a tutte le aree aziendali per collaborare nella ricerca di nuove soluzioni. Senza questo "lavoro di squadra tra squadre", Copan non sarebbe l'azienda che è oggi. "Più sai, più vuoi andare avanti e migliorare, è la consapevolezza che ti spinge ad andare non solo avanti, ma oltre", così spiega Stefania Triva, il segreto di Copan.

[3] Lo smaterozzamento è quel processo meccanico che prevede la rimozione della materozza, ovvero lo "scarto" della colata dei materiali fusi (per "materozza", vedasi: https://it.wikipedia.org/wiki/Materozza).

Nei primi anni Novanta, grazie all'innovazione portata dai Transystem®, l'azienda conobbe nuovi importanti contatti commerciali internazionali tramite le fiere settoriali. Grazie a queste, Daniele incontrerà, insieme al suo team commerciale, alcuni tra i personaggi che lavoreranno con lui e determineranno il successo di Copan nel mercato estero, quali Norman Sharples e Daniel Del Mastro. Sempre nelle fiere conobbe anche fornitori, clienti, collaboratori e soprattutto amici di un certo calibro, quali Paul Cerwinka, Jane Lukashewsky, Paul Bourbeau, la Dott.ssa Charlotte A. Gaydos, il Dottor Jack L. Perry e Santina Castriciano, la quale, a sua volta, introdurrà contatti importanti per l'azienda, quali Max Chernesky e Dr Marek Smieja. Solo per citarne alcuni.

Dal 1991 fino al 1993 si puntò sul consolidare i consumabili Swab e i Transystem® nei mercati. Gli Swab dei competitor erano prodotti già abbastanza affermati e con un prezzo competitivo. Ma Copan aveva un obiettivo preciso e ambizioso: offrire un prodotto di qualità eccellente a un prezzo vantaggioso. Come riuscire a farlo? Copan si era appena affacciata al mondo della microbiologia, per questo fu decisivo l'intervento di Norman Sharples.

Norman Sharples,
Foto di repertorio

Norman, microbiologo laureato all'Università di Liverpool, nel 1987 conobbe Daniele Triva tramite una conoscenza comune, Renato Pini, esperto nel settore del gel Agar[4]. Daniele avrebbe voluto collaborare subito con lui, ma Norman era già in procinto di lavorare nel laboratorio di un ospedale – esperienza che visse fino al 1994 –, e di

[4] Per il riferimento al gel Agar, vedasi la descrizione sotto la Tab. 2 del paragrafo *2.1 Viva gli Ingegneri*.

collaborare con i competitor di Copan. Norman riteneva che l'azienda bresciana non fosse equiparabile seriamente ai colossi stranieri, essendo ancora troppo piccola, "eccentrica". Ciononostante, prima di creare un rapporto lavorativo, tra i due si creò un rapporto di amicizia: Norman rimase in contatto con Daniele, fosse anche per aiutarlo col suo inglese e Daniele, per ringraziarlo delle loro chiacchierate, ogni tanto gli regalava una cravatta. Anche grazie a questo rapporto di amicizia, nell'Agosto del 1994, Norman decise finalmente di entrare a far parte della famiglia di Copan.

La sua entrata in scena coincise con l'apertura, sempre nel 1994, di Copan Diagnostics in California, la prima sede aziendale in suolo americano. Lo stabilimento? Fantasma. Ci si appoggiava allora a un'azienda esterna che fungeva da magazzino e location, il telefono era collegato a un numero verde che rimandava alla sede italiana. In parole povere, dall'America chiamavano in realtà in Italia e se qualcuno chiedeva come fosse il tempo da quelle parti, Lucia rispondeva dicendo che non aveva ancora messo piede fuori dall'ufficio.

Norman Sharples fece grandi sacrifici, affrontando numerosi viaggi e il trasferimento in California per seguire la nuova sede. Cambiò la sua vita perché, indipendentemente dai pro e i contro, l'unico suo focus era aiutare Daniele. La ventata di novità che portò Norman, oltre a vari altri effetti positivi, fece gonfiare le vele del veliero volante Copan, guidandolo verso nuove stelle che prima non erano nemmeno visibili per l'azienda bresciana.

Con un budget iniziale di cento mila dollari e una frontiera tutta da scoprire, la sede americana partì con l'aiuto del team commerciale italiano, ma soprattutto di Norman: spettò a lui muoversi nel mercato americano, caratterizzato da una concorrenza spietata.

New York e New Jersey erano competenza di Lucia. Canada, Chicago e North Carolina di Norman, muovendosi successivamente anche a Boston e San Diego. Nei primi anni Novanta aiutò a portare nuovi contatti americani anche Daniel Del Mastro.

Daniel è un venditore navigato del Connecticut, pratico del mercato statunitense. Strinse con Daniele un rapporto "fraterno", arricchito da esperienze al di fuori del lavoro. Se gli chiedete ancora oggi i suoi ricordi più cari di Daniele, potrebbe raccontarvi della passione che li accomunava per le Harley Davidson, oppure vi parlerà dei bei momenti vissuti insieme in Sardegna o di come una volta, a Venezia, si fosse perso e Daniele fosse riuscito a ritrovarlo. Il lavoro di Daniel fu di creare contatti e mantenerli. Norman, invece, definì la strategia fondata sul "private label", ovvero rendere a ogni cliente una soluzione su misura, un concetto che sta al cuore della strategia di Copan.

Il grande lavoro di marketing effettuato in questi anni fu anche frutto dell'esperienza lavorativa di Norman nel campo della microbiologia: lui conosceva bene la qualità migliore del Transystem® e della sua versione Venturi[5] rispetto agli Swab dei competitor, per questo era in grado di evidenziarne ai clienti i vantaggi a fronte di un prezzo praticamente uguale agli altri. Una volta presentati i prodotti, bisognava riuscire a soddisfare le richieste, soprattutto nei grandi numeri. I primi Transystem® erano allora prodotti con il coinvolgimento di sei persone, coprendo un volume al giorno di 30.000 pezzi. Oggi occorrono al massimo tre persone, ma i pezzi quotidiani superano i 500.000. Ai tempi, quei numeri non erano sufficienti per competere adeguatamente sul mercato, ma erano un inizio, una prima – ulteriore – grande sfida, quella di superarsi e crescere. Per vincere questa prova, parallelamente all'espansione sui mercati, si scelse di continuare a investire sull'innovazione tecnologica, seguendo le necessità aziendali che si tradussero, tanto allora quanto oggi, nel far collaborare insieme tutti i team all'interno di Copan.

Il fil rouge aziendale intorno al quale si orientò l'azienda fu: "per far le cose fatte bene, devi conoscerle bene". Ciò si applicò a tutto, traducendosi in crescita di competenze e know how, dalla tecnologia fino al marketing, permettendo di avere sempre il controllo nei processi e offrendo la possibilità di spostare l'asticella del traguardo ogni volta un po' più in su. Innovarsi significa vestirsi di nuovo, cambiare e, con una nuova e forte identità, guardare oltre. Il Sig. Triva, al tempo ancora a capo dell'azienda, sentiva che la strada suggerita dai figli poteva essere la scelta giusta e allentò le redini, dando qualche tirata ogni tanto, in modo da lasciare che questi cavalli scalpitanti, giovani e forti, trainassero l'azienda.

Il plus dell'azienda è sempre stato nel suo cuore che si chiama "famiglia Triva".

Nei suoi 40 anni, una delle più importanti scelte è stata quella di non riscuotere i dividendi generati dagli utili, mettendo in secondo piano gli interessi personali dei componenti della famiglia, anteponendo prima di tutto la capacità di capitalizzazione dell'azienda. Per questo gli utili son sempre stati direzionati verso l'innovazione continua, quella strumentale, quella a supporto della ricerca e del laboratorio, oppure in investimenti commerciali, immobiliari, sulle persone e le loro professionalità.

Dal 1995, a fatica e con qualche piccolo intoppo, vennero studiati e applicati nuovi processi di automatizzazione sulle macchine in produzione, permettendo di aumentare i volumi dei pezzi.

Il mercato negli Stati Uniti iniziò a comprare e ad avvicinarsi a questa piccola azienda agguerrita. Fu un'idea di Norman di lanciare il prodotto Transystem® come uno "Slam Dunk" – termine gergale per una schiacciata a canestro che comunemente intende "un bel colpo" –, studiò il "brand" del prodotto,

[5] Per la descrizione del tampone "Venturi", si riveda alla fine del paragrafo *2.1 Viva gli Ingegneri!*

calcolando il prezzo e individuando il mercato, stringendo collaborazioni con le Università e gli studi di ricerca, che incentiveranno alcuni microbiologi di fama a pubblicare le numerose testimonianze sulle principali riviste scientifiche straniere, in cui si attestava che i prodotti Copan "erano migliori"[6].

Simili esiti entusiastici vennero presentati e firmati, per esempio, dal Dott. Jack L. Perry[7], da P. Bourbeau[8] e dal Dott. K. Van Horn[9]. Sempre sua fu l'idea dell'attuale logo Copan, creato mentre era su un aereo durante il "global crush" del 2000.

Niente e nessuno avrebbe fermato Norman dal portare Copan al successo, nemmeno una paurosa tempesta di neve che colpì lui e Daniele durante un viaggio per andare a un meeting a Detroit: mentre si trovavano in macchina, si abbatté su di loro una "blizzard", una terribile bufera con forti raffiche di vento ghiacciato.

In questa occasione Daniele poté notare la fermezza di Norman, dopo avergli chiesto: «ma è normale che la macchina faccia questo rumore?».

Il ghiaccio, infatti, si abbatteva sulla lamiera dell'auto e dalle ruote proveniva un continuo e preoccupante "clang-clang" a causa della strada impervia. «This is America, man!» fu la risposta di Norman, guidando dritto senza una minima esitazione. This is Norman, aggiungiamo noi.

Un'altra scelta strategica di Copan fu quella di non investire in campagne pubblicitarie, bensì lasciare che i suoi prodotti si presentassero da soli in un settore competitivo come quello americano, attraverso il riconoscimento scientifico. Si ritenne che la credibilità verso i clienti fosse più facilmente costruibile attraverso l'affermazione di qualità dei propri prodotti comprovata da seri studi scientifici. I severi protocolli di controllo sono alla base delle fondamenta di attendibilità verso i clienti e fu per questo che Copan spinse al fine di conseguire i protocolli di validazione e i certificati di qualità, riuscendo nel 1995 a ottenere le certificazioni ISO 9001, EN 46001 e vari marchi CE.

Insieme alla politica delle certificazioni, vennero pubblicati numerosi studi in cui si dimostrava un risultato migliore utilizzando i tamponi Copan nei test quali, quelli di antigenica, coltura virale e analisi molecolari. In poche parole, Copan elevò il mondo della preanalitica.

[6] "*Inert polyurethane sponges*" – Clinical Lab Products, v. 26, n. 2, 1997.

[7] "*Assesment of Swab Transport System for Aerobic and Anaerobic Organism Recovery*" – Jack L. Perry, Journal of Clinical Microbiology, p. 1269-1271, v. 35, n. 5, 1997.

[8] "*Use of Copan liquid media transport swabs for the gen-probe group a Streptococcus direct test*" - P. Bourbeau and B. J. Heiter, American Society for Microbiology General Meeting, C-439, 1998.

[9] "*Comparison of Copan Amies Agar Swab and BBL Port-a-cul Swab for Recovery of Anaerobic Bacteria*" – K. Van Horn, C.Tóth, K. Warren, American Society for Microbiology General Meeting, C-437, 1998.

La moltitudine di esami e test che rappresentavano il biglietto da visita vincente, nonché la garanzia della qualità Copan, furono conseguenza di un lavoro di branding awareness e publishing non sempre rivolto all'immediato guadagno. Per esempio, alcuni tamponi venivano regalati ai possibili clienti, col fine di provarli, sapendo che, accertatisi della superiorità del prodotto, sarebbero tornati ad acquistarli.

Ai tempi i tamponi dei competitor erano considerati una "commodity"[10], ovvero un prodotto comune, difficilmente diverso l'uno dall'altro, quindi destinato a non essere considerato di valore. C'era, però, la possibilità di generare valore anche attraverso l'utilizzo di strumenti le cui potenzialità erano sottostimate, perché non studiate adeguatamente. Tutto il lavoro di marketing "scientifico" era concentrato a far capire al settore della microbiologia l'importanza della funzionalità del campione ai fini di un'analisi corretta. I test che confrontavano gli Swab di Copan con gli altri, ne palesavano in maniera chiara e oggettiva la migliore efficacia: i batteri, prelevati coi tamponi Copan, sopravvivevano e nei risultati comparivano laddove prima non c'erano. In parole povere, le analisi ottenute con prodotti Copan, offrivano risultati completamente diversi, più completi e quindi più validi, rispetto a quella stessa tipologia di esami in cui venivano utilizzati tamponi di competitor. Questo dato rimetteva in discussione tutte le convinzioni sulla fase preanalitica ritenute valide fino ad allora.

Sede Copan Diagnostic,

Corona, California, '94

[10] http://www.treccani.it/enciclopedia/commodity_%28Dizionario-di-Economia-e-Finanza%29/.

Grazie a questi report che dimostravano l'indiscussa superiorità di Copan, i clienti aumentarono, venendo da un mercato con una richiesta sempre più esigente e precisa: professori universitari, ricercatori scientifici, aziende ospedaliere, sembrava che, lentamente, chiunque avesse a che fare col mondo della microbiologia, volesse avvicinarsi ai prodotti Copan. Il successo di Copan si ottenne dimostrando il ruolo fondamentale della fase preanalitica, anche a supporto della fase diagnostica. Regalare i tamponi era, a volte, necessario al fine di farsi conoscere e fare capire al mondo la grande potenzialità di questo nuovo modo di gestire la fase preanalitica.

Per gestire la mole crescente della clientela e una produzione sempre più mirata ad accontentare le richieste dei mercati, Daniele poteva appellarsi ai suoi dipendenti, la sua "gente".

Tra questa sua "gente" che ha contribuito a far crescere Copan, ci sono Valeria Uberti Foppa e Michela Ferrari.

Valeria, dopo aver portato più volte il suo curriculum vitae in Copan, riuscì a essere assunta, nel 1996, e ritagliarsi un ruolo come export manager.

Lei si occuperà dell'arduo compito di sviluppare il business dei consumabili su tutte le gamme di prodotto, con particolare attenzione al mercato europeo. Un insegnamento che ha appreso da Daniele: "Solo sporcandosi le mani, uno impara cosa ci sia dietro alla natura delle cose". In poche parole, la conoscenza superficiale non è conoscenza. E nemmeno paga. Seguendo questo insegnamento, per approfondire la sua conoscenza sui prodotti che vendeva, Valeria troverà, inoltre, nel laboratorio di Copan la possibilità di studiare la microbiologia, materia che l'aveva sempre affascinata, fornendole successivamente una maggiore competenza e credibilità di fronte ai clienti.

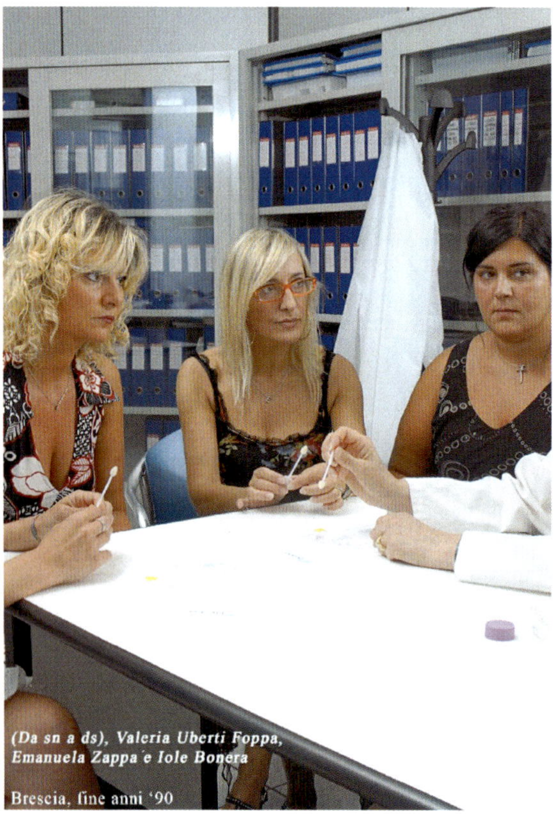
(Da sn a ds), Valeria Uberti Foppa, Emanuela Zappa e Iole Bonera

Brescia, fine anni '90

L'altra avventuriera da segnare a bordo della nave Copan, fu Michela, che nel 1998 entrò a far parte come export manager del team in America. Un collaboratore che ricopriva un ruolo gestionale nella neo-filiale californiana, fu scoperto ad alterare i dati contabili. Per questo fu chiesto a Michela di prenderne il posto. Così, seguendo il motto insegnatole da Daniele di "work hard, play hard", Michela trascorse quattro intensi anni in California per far crescere Copan Diagnostics, sfrecciando quotidianamente per la Pacific Highway con un maggiolino di colore blu elettrico. Insieme al duro lavoro, non mancarono anche i momenti "a marchio Copan" in cui divertirsi, come dopo un congresso dell'ASM, bevendo tequila e cucinando spaghetti aglio e olio.

Michela Ferrari,
Corona, California, '98

Sotto la guida di Norman e di Daniel, Michela imparò come muoversi nel mercato americano, intrecciando contatti proprio in un momento decisivo: Becton Dickinson, multinazionale competitor, dopo aver ammesso i prodotti Copan più performanti ma con un prezzo inferiore ai loro, nel Luglio del 1999, siglò un contratto con Copan. La Becton Dickinson smise di produrre il tampone BD Culturette, simile al Transystem®, e commissionò a Copan la produzione, in esclusiva nel mercato statunitense, realizzando così per la multinazionale il BD Culture Swab.

Oltre all'incredibile svolta che questo contratto portò nella vita aziendale, va ricordato il momento in cui il Sig. Triva, ancor prima, alla fine del 1997 a Miami, portò la sua famiglia a incontrare per la prima volta i vertici della Becton Dickinson. L'immagine di una limousine, che arriva a prendere la famiglia Triva all'Hilton Hotel, sarebbe sicuramente emozionante per molti, ma bisogna pensare come il Sig. Triva abbia vissuto quel momento: lui era un uomo che aveva dato vita a una piccola azienda produttrice di bicchierini di plastica, partendo dal niente e con pochi soldi, mentre adesso, negli Stati Uniti d'America, si apprestava a salire su una elegante limousine per andare a incontrare i vertici di una multinazionale.

I mercati acquisirono maggiore consapevolezza dell'azienda bresciana, notando questo importante e significativo cambiamento generato dal contratto con Becton Dickinson. Da questo momento, il volto di Copan è destinato a mutare per sempre: Becton Dickinson richiese una quantità di prodotti monumentale, milioni di pezzi al giorno solo per sé.

Nel Vangelo c'è scritto: «Nessuno è profeta nella propria patria»[11], infatti, quello americano divenne per Copan, da questo momento, il principale mercato. Il successo ottenuto all'estero, non ha un riscontro paragonabile in Italia. A quei tempi, non una ricerca, uno studio, una pubblicazione di una qualsiasi rivista scientifica vennero pubblicati in Italia sui prodotti Copan. Nonostante la spinta di sensibilizzazione e di marketing attuata anche nel nostro Paese, attraverso investimenti nel campo ospedaliero, statale e dei laboratori, il vero successo Copan lo trovò fuori casa. Soltanto più avanti, nel 2000, in Italia verranno pubblicate ricerche sui prodotti Copan, generando un certo interesse limitatamente al settore della zooprofilassi. Copan, intanto, aveva deciso di non essere più soltanto "diversa", ma di aspirare alla grandezza. La Fig. 5 – *Panoramica aziendale – primi anni Novanta* – dimostra come nel giro di pochissimi anni, Copan quasi raddoppiò il proprio fatturato e i propri dipendenti, grazie alle scelte adottate. E questi erano solo gli inizi del Transystem®, Copan doveva ancora mostrare tutto il suo potenziale. Era davvero possibile? Qualcuno avrebbe osato dire che era follia e qualcun altro gli avrebbe risposto: it's not a rocket Science!

Fig. 5 – Panoramica aziendale – primi anni Novanta

Area	*Situazione*
Fatturato	7,6 miliardi di Lire
Prodotti	Ottanta
Luogo	Bovezzo
Dipendenti	Cinquanta
Mercato principale	UK - USA - Europa - Giappone

[11] Matteo 13,7.

2.3. Mi è venuta questa idea

> Non sono niente. | Non sarò mai niente. | Non posso volere d'essere niente. | A parte questo, | ho in me tutti i sogni del mondo.
>
> *Fernando Pessoa*

Tra il 1998 e il 2000 avvennero in Copan due cambiamenti importanti: nel 1998 la sede da Bovezzo si spostò nella zona industriale di Brescia e nel 2000 venne a mancare il Sig. Triva. Il passaggio del figlio al vertice aziendale avvenne, più che per diritto, per la sua attitudine ormai consolidata di gestire l'azienda, mentre Stefania, dopo essere passata dal settore commerciale a quello logistico, si impegnò a seguire l'altra parte dell'azienda, quella più riservata alla quale però era riservata l'ultima parola in Copan, il settore del regulatory. La funzione che si doveva occupare di certificazione e applicare le "regole" passava un momento delicato nel 2000, dovendosi scontrare più che mai con la realtà delle certificazioni.

Copan era salita di livello, pertanto era sempre più necessario che i suoi prodotti venissero regolarmente sottoposti ai controlli richiesti per essere venduti nei mercati esteri. Gli Stati Uniti, in particolare, seguono ancora oggi alcune normative molto diverse, più severe e rigide rispetto a quelle italiane. I sistemi di controllo, quali, ad esempio, quelli applicati dal sistema governativo FDA – "Food and Drug Administration" –, prevedono alcune ispezioni a sorpresa e molto rigide per le aziende che trattano prodotti rivolti al campo medico, come Copan. Se non si superano le ispezioni, non si possono esportare i loro prodotti negli USA. Così come l'America, anche quasi tutti gli altri stati hanno precisi certificati che attestano l'idoneità dei prodotti: il lavoro di Stefania, insieme al team regulatory, fu quello di rendere pronta l'azienda a rispondere efficacemente a ogni controllo effettuato, cosicché i loro prodotti potessero continuare a essere venduti in tutti i paesi individuati dai commerciali. In pratica Stefania aiutò Copan a fare in modo che i propri prodotti assumessero in breve tempo quell'aurea di qualità che ancora oggi ne contraddistingue il brand.

Si potrebbe dire che Daniele è la fucina, ma Stefania il mantice, lo strumento indispensabile per regolare la fiamma.

Uno dei più grandi meriti che andrebbe attribuito alla sorella di Daniele è quello di aver imparato a "regolare" i grandi pensieri dei grandi uomini che ha avuto rispettivamente come padre e fratello.

Copan, l'abbiamo appurato, è un'avventuriera, capitanata dal 2000 da un

Peter Pan con la barba, uno "Steve Jobs bresciano", quale è stato definito Daniele Triva, ma la genialità è nulla senza il controllo e la perfetta sinergia che attuavano in questo senso Stefania e Daniele è alla base della solidità aziendale odierna.

L'aver scelto di navigare nel mondo della microbiologia si è dimostrata un'opzione vincente perché intelligente, audace anche se rischiosa e un grande merito, per i risultati ottenuti dal 2000 in poi, lo ebbero gli importanti traguardi raggiunti come detto con le certificazioni, fondamentali per il successo e la credibilità nei mercati esteri.

Nei primi anni del 2000 si continuò a spingere sui mercati con tutta la gamma dei tamponi, che stava oramai realizzando la storia aziendale. Ai Transystem® già proposti da parte del team di Copan, si aggiunsero nel catalogo altri prodotti volti a raggiungere un target sempre più mirato, come per esempio il Fungi-Quick®.

Norman, grazie alle sue competenze in microbiologia e lavorando con il team del laboratorio Copan, arricchito da elementi quali Roberto Paroni, Giovanna Catalano ed Elisabetta Zanella, consentì all'azienda di entrare nel mondo del trasporto per la virologia, con la creazione del terreno UTM® (acronimo di "Universal Transport Medium"), un prodotto stabile a temperatura ambiente dedicato alla raccolta, trasporto, mantenimento e stoccaggio a lungo termine di virus, come i campioni di influenza H1N1, ma anche di Clamidia, Micoplasma e Ureaplasma.

Parallelamente ai tamponi, agli inizi del 2000, in Copan si sviluppò un prodotto altresì innovativo: il CMT®, acronimo di "Copan Milk Test".

Con grande emozione, Stefania Novelli, attualmente una delle CAP di Copan, ricorda ancora oggi i giorni in cui venne realizzato a mano questo prodotto, con la cura e l'attenzione riservata alla crescita di un figlio. È giusto ricordare il team delle "ragazze" che hanno dato vita al CMT®: Laura Collio, Alessandra Bandinelli, Mara Biagi, Cristina Corniani, Leonora Mini, Cristina Caravaggi, Rossana Contratti, Chiara Botticini, Renata Mizzera, Ornella Marconi e Chiara Tameni.

Elaborato sempre nel laboratorio Copan, il CMT® prevedeva l'utilizzo di un terreno specifico per il riconoscimento di antibiotici presenti nel latte. Si trattava di un kit-test di inibizione microbica composto di incubatori e lettori con all'interno un terreno altamente sensibile, che consentiva il rilevamento di un'ampia gamma di agenti antimicrobici, compresi ß-lattamici, tetraciclini, macrolidi, aminoglicosidi, sulfonamidi, trimetoprimi e altri antibiotici.

Il CMT® era davvero molto semplice da utilizzare: si doveva inserire il campione del latte nell'apposita celletta contenente il terreno di colore viola, se quest'ultimo diventava giallo, significava che il campione era privo di antibiotici, altrimenti manteneva il suo colore. Le aziende agricole potevano utilizzare questo test, disponibile nel formato singolo di poche unità o nel formato con micropiastre, prima di pompare il latte dai silos all'impianto di produzione.

Il CMT®, effettivamente, ottenne diversi riconoscimenti anche in parti del mondo finora rimaste di contorno rispetto ai mercati principali di Copan, quali: il Sud Africa[12], la Svizzera[13], la Germania[14], l'Argentina[15], la Spagna[16], l'Irlanda[17] e, finalmente, l'Italia[18].

Dal 2001 entrò in vigore la direttiva europea che istruiva riguardo ai metodi per monitorare l'uso degli antibiotici sugli animali da allevamento[19]. L'interesse di Copan, come già anticipato, era di realizzare prodotti sempre più vicini all'esigenza dei clienti e di ritagliarsi uno spazio in una fetta ben precisa del mercato. Daniele adottò questa strategia con la realizzazione del CMT®, valutando che potesse avere un gran potenziale di vendita, data l'utilità che avrebbe apportato ai severi controlli veterinari. Ma il destino del CMT® sarà quello di essere ceduto nel 2006, a fronte di una corposa remunerazione, a un competitor, soprattutto per merito di una minuziosa attività di business di Michela[20].

[12] *First results of the validation of the Copan Milk Test for the detection of residues of antibiotics and sulphonamides in milk* – Reybroeck W, Ooghe S, Grijspeerdt K. Abstract from UBISI 2004, IDF/FAO/OIE International Symposium on Dairy Safety and Hygiene. A Farm-to-table Approach for Emerging and Developed Dairy Countries., Cape Town, South Africa.
[13] Nestlé Research Center Quality & Safety Department: *Antibiotics in milk. Actual situation & compilation of commercial available screening methods for the detection of in hibitors/antibiotics residues in milk* – Jean-Marc Diserens, Andrea Beck Henzelin, Marie-Hélène Le Breton & Marie-Claude Savoy Perroud,
[14] *Institut fur Hygiene und Produktsichereit – Bundersanstalt fur Milchforschung* – Dr. Suhren, 2000
[15] *Centro de Investigatiociones Tecnologicas de la Industria Lactea-INTI* – DR. Castaneda, Buenos Aires, Argentina.
[16] *Performances of Antibiotic Screening Tests in Determining the Persistance of Penicillin Residues in Ewe's Milk* – M.I. Berruga, M. Yamaki, R.L. Althaus, M.P. Molina and A. Molina, Universidad de Castilla-La Mancha, Spain, 2003.
[17] *The National Food Centre* – Dr. O'Keefe, Castleknock, Ireland, 2002.
[18] *Valutazione dei limiti di sensibilità del Kit microbiologico Copan Test per la determinazione delle sostanze inibenti nel latte* – Dr. Varisco, IZP Brescia, Italy, 2001 – *Valutazione test* – Veneto Agricoltura, Thiene, Italy, 2001 – *Determinazione inibenti nel latte mediante uso di kit microbiologico* – Dr. Paggi, AIA, "Il Latte" Italy, 2003.
[19] Direttiva CE 2001/82 http://www.salute.gov.it/imgs/C_17_normativa_1262_allegato.pdf.
[20] Il lavoro di Michela ha coperto il processo di business a 360°, dall'identificazione del prodotto nel mercato, l'individuazione settoriale e dei competitor, fino alla progettazione con Daniele di venderlo, offrendo l'intero ramo aziendale come da accordi di esclusiva. CMT® trovò la sua dimensione in un'altra realtà aziendale, avendola convinta, così com'è stato con la Becton Dickinson, per la sua superiorità qualitativa rispetto ai prodotti simili. Coloro che hanno creato e poi venduto il CMT®, parlano ancora oggi del "dolore" nell'aver accettato il contratto. Tuttavia, il risultato ottenuto dalla vendita ha permesso la realizzazione dell'impianto "Futura" e, ancora oggi, è possibile vedere al primo piano della sede del Parco scientifico, la prima trave impiantata, dipinta con i colori che richiamano al CMT®: verde se il test

Cos'altro inventarsi? C'era una frase che i collaboratori di Daniele temevano – ma che col tempo hanno imparato ad amare –: «Senti, – nome di collega –, mi è venuta questa idea.»

Era uno dei primi lunedì mattina del 2003, quando Daniele disse a Roberto Paroni che gli era venuta in mente un'idea. Il giorno prima, Daniele era andato a comprare un cappotto e, grazie a un appendino, aveva trovato un'idea che nessuno aveva mai prima di allora avuto. Come capita a qualsiasi genio.

Fino a quel momento nessuno aveva pensato di trovare un materiale, diverso rispetto a quelli già utilizzati, che fosse più efficace ed efficiente nel rilascio dell'analita. Esistevano i filati di cotone, incollati all'asticella che formava lo Swab, con il quale si prelevava il campione, oppure quelli di plastica o di altre fibre sintetiche. Punto. Invece Daniele, inventò il punto e a capo.

Passando il dito sopra un appendino, un gesto banale e semplice, notò quanto il nylon che lo ricopriva fosse sottile eppure con un'ottima capacità di aderenza, così immaginò di impiegare questo materiale sui tamponi. Perché no? Se le fibre di nylon di cui è composto quel vellutino si fossero potute applicare nella giusta densità, avrebbero creato un batuffolo abbastanza compatto da risultare assorbente come una "spugna", raccogliendo così il massimo dai prelievi e facendo davvero la differenza.

Vennero proposti diversi progetti, si studiarono i materiali e il modo con cui poterli adoperare per i prelievi. Al fine di sostenere il laboratorio di microbiologia interno a Copan durante questo processo di creazione, si avvertì la necessità, nel 2004, di dar vita a una divisione di sviluppo aziendale, ai tempi chiamata "MicroRheologics". Fu un investimento ritenuto necessario per aumentare i cervelli da coinvolgere in questa delicata fase di innovazione scientifica. Dopo alcuni tentativi da parte del sinergico lavoro tra queste due aree di Copan – e alcune "scommesse" gastronomiche[21] –, gli sforzi impiegati, diedero i loro frutti: si realizzarono i primi FLOQSwabs®.

A differenza dei tradizionali tamponi, i FLOQSwabs® non avevano un nucleo interno che intrappolasse il campione. La loro caratteristica era, infatti, che l'intero campione rimaneva vicino alla superficie, grazie all'azione capillare tra i fili in fibra di Nylon®, i quali fungevano da spazzola morbida e consentivano una migliore raccolta di materiale biologico.

L'assorbimento veniva così facilitato e, conseguentemente, facilitava anche un rapido e completo rilascio.

trovava una componente precisa di antibiotici nel latte campionato, viola se la componente di antibiotici era molto alta e giallo se invece era priva di farmaci.

[21] Si misero in palio numerose pizze, se il team del laboratorio fosse stato in grado di concretizzare l'idea di Daniele.

Questo particolare tipo di tamponi, del tutto innovativi fino a quel momento, comprendevano un'asta in plastica con una punta che poteva variare in dimensioni e forma. La punta dell'applicatore era rivestita con fibre corte in Nylon®, disposte in modo perpendicolare. Questa disposizione derivava da un processo chiamato "floccatura", in cui le fibre, all'interno di un campo elettrostatico, venivano spruzzate, in questo modo, direttamente sulla punta del tampone.

Per realizzare questi tipi di tamponi, la produzione e i tecnici dovettero installare nuovi macchinari, introducendo altra innovazione. Infatti, esistevano macchine in grado di applicare la fibra di nylon, ma erano utilizzate per finalità lontane da quelle che si volevano raggiungere in Copan. Fu proprio Copan, pertanto, a inventare – di nuovo – qualcosa che il mondo non aveva ancora visto, acquistando macchine addette alla floccatura che, con le dovute modifiche apportate dal team di tecnici aziendali, permisero di realizzare quanto immaginato da Daniele.

2.3.1. Innovazione e cultura delle innovazioni[22]

Insegui ciò che ami, o finirai per amare ciò che trovi.
Carlo Collodi, *Pinocchio*

L'innovazione[23] accompagna il percorso umano e rappresenta la dimostrazione della capacità della società umana nel ritrovare logiche e strumenti in grado di modificare (mediamente migliorare) le proprie condizioni di vita.

Senza entrare troppo nel merito del concetto, provando a riferirlo direttamente alla vita delle imprese, possiamo rifarci alla definizione di innovazione di Joseph Schumpeter[24], che nel 1934 associò al ruolo imprenditoriale l'orientamento a innovare scrivendo «non è imprenditore [...] chi compie operazioni economiche, intendendo lucrarne profitto, bensì colui che introduce atti innovativi».

[22] Di Mario Mazzoleni.
[23] In merito al tema dell'innovazione si veda C. Freeman "*The Economics of Industrial Innovation*" Routledge Taylor & Francis Group London & NY, 1982 dove tra l'altro si definisce L'innovazione come «*Realizzazione dell'invenzione in un nuovo prodotto o processo produttivo ed il suo sfruttamento commerciale. L'innovazione comprende la progettazione (design), la realizzazione fisica (manufacturing) e la commercializzazione (marketing) dell'invenzione*».
[24] J.A. Schumpeter, *The Theory of Economic Development*, Harvard University Press, Cambridge 1955.

Lo studioso, in questo modo, si contrappose agli economisti neoclassici[25], affermando che i sistemi economici non sono statici e non tendenti all'equilibrio generale[26].

L'economia per lui era dinamica ed orientata all'evoluzione, raggiunta attraverso la capacità di "inventare". Così l'inventare è la capacità di realizzare qualche cosa che non esisteva prima, attraverso la forza creativa che uno o più individui possono generare. Sempre lo stesso economista, alla fine del suo percorso di ricerca e studio, arriva a dare enfasi a ciò che genera i processi evolutivi o di cambiamento sia dal punto di vista sociale, sia economico e collega questo processo a quello di sviluppo che definisce come[27] «uno spontaneo ed improvviso mutamento dei canali del flusso, ovvero come una perturbazione dell'equilibrio che altera e sposta l'equilibrio precedentemente esistente [...] mediante l'introduzione di nuove combinazioni».

Il nuovo viene in questo modo collegato alla capacità delle imprese di lanciarsi in strategie che portino a fare evolvere, modificando o integrando ciò che già esisteva. Così l'innovazione può essere per esempio legata a:

- la produzione di un nuovo bene anche attraverso l'assemblaggio di componenti già esistenti pensate per l'integrazione all'interno di un bene più complesso, o destinato ad una nuova finalità d'uso;
- la modifica attraverso delle attività svolte attraverso l'introduzione di nuove o migliorate operazioni o processi di lavoro in termini intensivi e/o estensivi;
- la penetrazione di un nuovo mercato con conseguenti cambiamenti nelle azioni di governance o strategiche con conseguenti effetti nei processi;
- l'accesso a nuove fonti di approvvigionamento o l'utilizzo diverso di una materia prima o di un semilavorato.

Partendo e ampliando un po' l'approccio appena descritto, questa rappresentazione dell'innovazione porta ad entrare in altri campi della vita di impresa dove questa finisce con il toccare:

- modelli organizzativi e di gestione delle risorse umane;
- rapporti e accordi con fornitori e clienti;
- nuove forme di comunicazione interna od esterna per l'impresa;

[25] Tra gli autori che possono essere ricompresi in questa categoria troviamo John Bates Clark; Antonio De Viti De Marco; Francis Ysidro Edgeworth;Irving Fisher; Alfred Marshall;Maffeo Pantaleoni; Vilfredo Pareto; Léon Walras.

[26] Un approfondimento su questi argomenti può fare riferimento a V. Pareto, *Lettere a Matteo Pantaleoni*, 1890-1923, Edizioni di Storia e di Letteratura, Roma 1962.

[27] J.A. Schumpeter, op. cit.

- l'adozione di nuove forme di supporto finanziario o di coinvolgimento nel capitale aziendale;
- introduzione di nuove modalità di gestione attraverso l'utilizzo di strumenti informativi;
- sperimentazione di nuove forme di coinvolgimento degli stakeholder e di partecipazione/governance degli stessi;
- ...

In sostanza questo approccio considera come "naturale" un percorso di progresso, magari non lineare, ma orientato e, in un certo senso, sequenziale.

Già alla fine del secolo scorso[28], la visione tutto sommato lineare dei processi innovativi si è andata evolvendo, evidenziando come attraverso vari stimoli (il primo certamente riconducibile al progresso tecnologico e alle sue ricadute sociali) l'innovazione abbia sempre più mostrato la capacità di procedere "a strappi" e attraverso momenti di vera e propria rottura con ciò che era valido precedentemente.

Seguendo questi approcci sono stati compiuti progressi nell'esaminare la portata e gli effetti che l'innovazione produceva in termini di diverse conoscenze, competenze e processi, ma anche in relazione alle modalità attraverso le quali le aziende arrivavano ad "apprendere avendo, però, sempre ben presente il fatto che ogni azione che produceva cambiamento fosse comunque legata ad aspetti peculiari delle singole imprese (o dell'ambito territoriali nel quale l'azienda operava).

Il processo di innovazione, quindi, è stato rappresentato come il risultato di processi di apprendimento da parte delle imprese e dei singoli che

- si basano su una specifica base di conoscenze che caratterizza il settore;
- sono conseguenti a fenomeni competitivi e cooperativi, di mercato e non, formali e informali di diversi attori con varie conoscenze e competenze;
- si svolgono in contesti istituzionali specifici nazionali o internazionali, alcuni dei quali sono specifici per il settore;
- apportano cambiamenti e trasformazioni non solo a prodotti e processi, ma anche agli attori, alle relazioni e alle loro modalità di manifestazione, alle istituzioni e alla conoscenza stessa.

Anche in questo caso il tema innovativo ha invaso, legittimamente, non solo le aree produttive, andando a consolidarsi in tutte le funzioni aziendali e nelle modalità attraverso le quali le imprese interagivano sul mercato o con

[28] W. Cohen and Levinthal, *Innovation and Learning. The two faces of R&D*, Economic Journal, Vol. 99.

i propri portatori di interesse. Recentemente[29] la grande crisi dell'inizio secolo ha ulteriormente enfatizzato la necessità di coltivare innovazioni in grado di "sparigliare", ossia di generare momenti di estrema rottura con il passato ponendo, però, in questo caso, come rilevante per potere attuare questi percorsi la centralità della presenza nelle imprese di culture in grado di orientarsi attraverso la ricerca, prima, e l'adozione, poi, di nuovi paradigmi logici (e di conseguenza operativi). Non vi è poi alcun dubbio che le nuove frontiere che si stanno aprendo, legate ad innovazioni tecnologiche (dai Big data all'intelligenza artificiale, passando per i blockchain e al progresso nel mondo della digitalizzazione in senso più o meno largo), generano e andranno sempre più imponendo forti orientamenti all'innovazione nelle imprese (ma anche agli individui).

Quindi, innovare come componente naturale del vivere l'attività d'impresa, ma anche come sfida continua e difficile che coinvolge e necessità di potersi basare su imprese culturalmente sostenute dal sacro fuoco del cambiamento e del mettere in discussione. Imprese, dunque persone, fortemente orientate a mettersi in discussione, a sperimentare, a non temere (e non vivere in contesti che temono) l'impatto dell'errore.

Copan è un'azienda orientata all'innovazione, lo è naturalmente e lo è ad ampio spettro e, in un certo senso, in modo sistemico. Copan innova da quando è nata sia nel modo di fare azienda, sia attraverso ciò che l'azienda produce, sia nei modi in cui l'impresa si confronta con i bisogni dei mercati e le strutture con le quali si interfaccia sugli stessi.

Quali sono gli elementi sui quali si basa la propensione "naturale" di Copan ad innovare coinvolgendo l'intera compagine sociale e consolidando nel tempo questa filosofia?

Come sottolineato, si tratta di qualche cosa che compenetra l'impresa e diventa cultura condivisa a tutti i livelli della stessa. Si innova nei luoghi deputati (ad esempio nell'ambito della ricerca e sviluppo), ma si mantiene un rilevante approccio a "mettere in discussione" lo status quo a livello produttivo come nelle modalità di gestione dei rapporti con fornitori, mercati o partner locali ed internazionali.

Perché l'innovazione diventi cultura del cambiamento occorrono alcune precondizioni e la disponibilità ad alimentare con sistematicità questa disponibilità a mettersi in discussione.

[29] M. Mazzoleni, *Riflessioni di Impresa. Alla ricerca di nuovi paradigmi*, Giappichelli, Torino, 2013.

Nel caso di Copan gli elementi sui quali si è basata la creazione della cultura all'innovazione possono essere principalmente individuati nei seguenti:

1. una grande disponibilità all'ascolto da parte dell'intera struttura aziendale sia a livello di governane sia nell'ambito operativo;
2. il credere che le persone, tutte, siano portatrici di capacità, di idee, ma anche di interpretazione critica dell'esistente;
3. il ritenere che un'idea possa essere generata da approcci, esperienze, punti di vista anche diversi da quelli che si ritengono congrui per affrontare un percorso innovativo;
4. il ritenere che l'errore sia una componente naturale del "fare umano" il cui manifestarsi non deve essere associato necessariamente a valutazioni negative ma utilizzato come opportunità di crescita/esperienza/consapevolezza;
5. ritenere che la ricerca di soluzioni passi attraverso la consapevolezza che vi siano sempre delle possibilità di individuare strade, anche imprevedibili, in grado di portare all'obiettivo[30] ;
6. un forte investimento affinché chiunque in azienda possa essere messo nelle condizioni di "partecipare" alla vita aziendale nella consapevolezza sia del proprio ruolo sia delle sfide che l'azienda porta avanti;
7. la consapevolezza che le soluzioni si ottengono attraverso il coinvolgimento e che il contributo di ognuno può essere determinante indipendentemente dal ruolo, dal percorso professionale o dall'anzianità di vita aziendale[31];
8. una propensione assoluta a considerare le azioni di verifica sulla fattibilità delle idee come naturale investimento per l'azienda;

[30] Da questo punto di vista lo slogan che meglio rappresenta questo approccio è il "*si può fare*" celebre frase del film *Frankenstein Junior*, Mel Brooks 1974 o più recentemente – 2008 – il film dallo stesso titolo, diretto da Giulio Manfredonia.

[31] K. Schori, A. Roch, Innovations management für KMU Haupt, 2012. Portale per la piccola Impresa Confederazione Svizzera. «Lo strumento principale alla base di una collaborazione partenariale è lo scambio reciproco d'informazioni. È possibile promuovere queste qualità:
– Sostenendo i dialoghi ed abolendo i "monologhi";
– Ponendo domande;
– Esprimendosi in modo chiaro;
– Utilizzando lo stesso linguaggio dei propri interlocutori;
– Ascoltando con attenzione;
– Conquistando e mantenendo l'attenzione del proprio interlocutore;
– Garantendo un livello rapportuale positivo;
– Concentrando le informazioni su un tema o un obiettivo;
– Utilizzando immagini figurative;
– Facendo leva sull'aspetto emotivo»

9. la costante affermazione del valore della multidisciplinarietà e della diversità di approccio che spinge l'azienda a dotarsi di professionalità varie operanti anche con approcci e modelli di riferimento assai diversificati;
10. il riferimento al tempo come elemento necessario per potere affrontare valutazioni e analisi congruenti con gli obiettivi che si vogliono raggiungere;
11. Incentivi materiali che vanno dal sistema di retribuzione, ai premi speciali, ad un sistema di bonus, a "fringe benefits" sotto forma di prestazioni sociali, sconti, ecc.;
12. Incentivi immateriali che passano attraverso incentivi sociali ad un continuo investimento sul luogo di lavoro per renderlo confortevole e stimolante fino ad arrivare a politiche che orientino al miglioramento dei contenuti e delle condizioni lavorative in termini di riconoscimento e all'autonomia del ruolo.

La cultura dell'innovazione per Copan (e per tutte le aziende che metabolizzano un approccio naturale al mettersi in discussione o ad aprire nuove prospettive) viene alimentata con costanza nella consapevolezza che, solo sostenendo e sollecitando i processi di cambiamento, l'azienda possa mantenere la propria capacità di consolidamento nel mercato. Allo stesso tempo, l'esperienza accumulata permette di considerare come indispensabile per l'azienda interrogarsi sulla propria capacità di misurarsi con nuove sfide anche al di fuori dei settori in cui il tempo ha portato Copan a registrare importanti risultati e a posizionarsi come leader. Tutto ciò permette all'azienda di immaginare costantemente possibili evoluzioni di prodotto ma anche di mercati.

Naturalmente in Copan si è consapevoli che l'innovazione richiede anche "procedure" che possano favorire la comunicazione e lo scambio di idee per mettere a fattore comune le potenzialità che i diversi soggetti possono mettere in campo.

Per questo motivo si punta molto sulla formazione e sull'aggiornamento professionale sostenendo l'idea del "life long learning"[32].

Infine, per garantire una fluidità nel processo innovativo la comunicazione diventa una vera e propria necessità a tutti i livelli aziendali che passa attraverso "infrastrutture adeguate" che possano facilitare il rapporto tra i collaboratori attraverso ad esempio:

- Porte aperte, a iniziare da quelle del vertice aziendale;

[32] D.N. Aspin, J. Chapman, K. Evans, R. Bagnall, *Second International Handbook of Lifelong Learning*, Springer International Handbooks of Education, London, 2012.

- Piazze aziendali come punto d'incontro;
- Uffici "open space";
- Ristorante per il personale;
- Eventi quali feste o convegni comuni;
- Intranet e/o forum di discussione attraverso app dedicate;
- Un house organ alimentato da una redazione interna.

In Copan la sfida culturale è, quindi, elemento peculiare per sostenere l'innovazione venendo, a sua volta, alimentata costantemente da ciò che questo modelli imprenditoriale continua a generare sia in termini di sviluppo dell'impresa sia in relazione al consolidarsi dei risultati economico-patrimoniali.

Daniele, però, non si accontentava di avere già realizzato progetti all'avanguardia, nemmeno di avere fatto passi in avanti – da gigante – nel mondo della preanalitica. Daniele continuava a guardare avanti, pensando come poter sfruttare al massimo questi nuovi FLOQSwabs®. Essendo un prodotto unico al mondo, si cercò il modo migliore di pubblicizzare i FLOQSwabs® e per questo fu ancora una volta fondamentale il lavoro di marketing attuato negli USA da Norman e le presentazioni alle fiere da parte del team commerciale di Brescia.

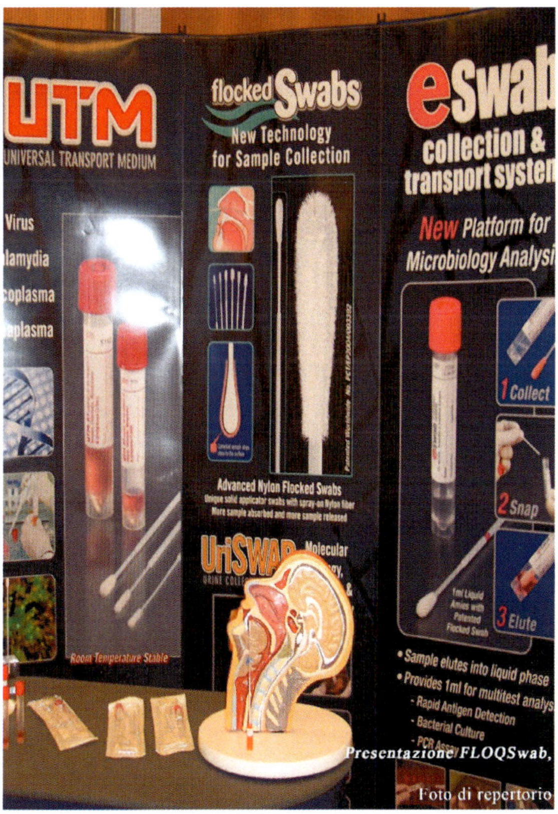

Presentazione FLOQSwab, Foto di repertorio

Così come fu per il Transystem® e per i successivi UTM®, la migliore pubblicità venne dalle pubblicazioni scientifiche e dal mondo della preanalitica che, promuovendo positivamente il nuovo prodotto dell'azienda bresciana, convinsero i possibili stakeholder e i clienti. Già nel 2004 vennero redatti studi in cui venivano utilizzati i floccati di Copan trovandoli qualitativamente migliori rispetto ai tamponi di tipo tradizionale, come per esempio accadde coi test sui campioni del batterio dello Streptococco[33].

Ma fu decisivo, per questo passaggio storico aziendale, l'intervento di una persona: Santina Castriciano.

Dopo aver conosciuto Santina nel 2003, durante un meeting di microbiologia a Montreal, dove le fu richiesto di esprimere il proprio parere a proposito degli UTM®, Daniele la invitò, nel 2004, a visitare Copan per richiederle un ulteriore parere sul tampone per il prelievo nasofaringeo che successivamente venne realizzato[34]. Santina possedeva una vasta esperienza nel campo, per questo Daniele le propose una collaborazione al fine di aiutarlo a lanciare sul mercato i floccati, tramite pubblicazioni scientifiche firmate da esperti famosi in tutto il mondo. Ma Santina fece di più: aiutò stabilmente Daniele e Copan a crescere, formando diversi membri del team del laboratorio e incoraggiando i commerciali a sostenere i meeting più esclusivi, quali la Medica, l'ECCMID e l'ASM. Nel suo laboratorio in Canada si guadagnò anche il titolo di "Santina Swab", dovuto al suo grande supporto ai prodotti Copan.

Santina Castriciano

Foto di repertorio

[33] *Evaluation of MicroRheologics Flocked Nylon Swabs for Use in the Performance of the Gen-Probe Group A Strep Direct Test (GASDT)* – Paul P. Bourbeau and Barbara J. Heiter, ASM 104th General Convention, New Orleans, C-168, 2004.

[34] Reference: *Tamponi nasopharyngeal*: Pubblicazione in collaborazione con Peter Daley - *Mid-turbinate swabs*, Doc- Smieja - *Goldfarb rectal swab*, *Zanusso publication for the Olfactory mucosa*, *CVS POSTER FOR CMV*, in collaborazione con Anthony Nolan, *Self-collection swab*.

Santina propose, inoltre, diversi progetti nel corso degli anni a seguire: il tampone per nasale midturbinate[35], validato assieme al Dr Marek Smieja, il tampone a L-Shape cervicale, il tampone rettale pediatrico in collaborazione con il Dr David Goldfarb[36], il self-collection vaginale con il Dr Giuseppe Ciravolo, il FLOQBrush(TM), assieme al Dr GianLuigi Zanusso[37] dell'università di Verona, per gli esami dell'Alzheimer e di altre malattie neurologiche. Sempre grazie a Santina, nacquero ulteriori collaborazioni con università di prestigio e ricercatori famosi, che convalidarono i prodotti Copan, sia gli UTM®, sia tutti i diversi FLOQSwabs®.

Lorenzo Fumagalli

Foto di repertorio

Per il lavoro di "marketing" che si accostò alla pubblicità ottenuta dalle ricerche scientifiche, è impossibile non parlare di chi ha fatto delle presentazioni un suo cavallo di battaglia: Lorenzo Fumagalli.

Lorenzo sostenne il colloquio d'assunzione con Daniele nel 2003 e parla, ancora oggi, di quell'incontro come di una congiunzione astrale. Dopo un'esperienza come Export manager per un'azienda che

[35] "Development and evaluation of a flocked nasal midturbinate swab for self-collection in respiratory virus infection diagnostic testing", *Journal of Clinical Microbiology*, 2010.
[36] *Evaluation of Anatomically Designed Flocked Rectal Swabs for Molecular Detection of Enteric Pathogens in Children Admitted to Hospital with Severe Gastroenteritis in Botswana*, David M. Goldfarb, Andrew P. Steenhoff, Jeffrey M. Pernica,a Sylvia Chong, Kathy Luinstra, Margaret Mokomane, Loeto Mazhani, Isaac Quaye, Irene Goercke, James Mahony, Marek Smieja, JCM, November 2014 https://jcm.asm.org/content/52/11/3922.
[37] *Diagnosis of Human Prion Disease Using Real-Time Quaking-Induced Conversion Testing of Olfactory Mucosa and Cerebrospinal Fluid Samples*, Published online December 12, 2016. https://jamanetwork.com/journals/jamaneurology/fullarticle/2591319?resultClick=1.

vendeva prodotti di erboristeria, ricevette la proposta di Daniele di lavorare per lui come Business Developer. Il compito di Lorenzo sarebbe stato, inizialmente, di interfacciarsi con il mercato, dopo averne raccolto i feedback, andando in giro per le fiere, promuovendo i prodotti Copan. Lorenzo maturò in Copan diverse esperienze e, successivamente, facendo anche valere la sua laurea in giurisprudenza, intraprese una carriera come supporto strategico-legale per l'azienda.

Rimarrà famosissimo il suo "Magician kit", un simpatico quanto utile ed esemplificativo set, formato da soluzioni colorate e tamponi floccati, con cui mostrava, nelle fiere e nei meeting, il funzionamento dei FLOQSwabs®.

Si prendeva un tampone di un competitor e lo si imbeveva nel colorante, che fungeva da "campione", poi, immergendolo in un'altra composizione liquida, si poteva osservare il rilascio di una certa percentuale del prelievo. Ripetendo lo stesso procedimento con i tamponi floccati di Copan, la percentuale di rilascio del campione era palesemente maggiore, con un rapporto di 5:1 rispetto ai competitor. Vera magia!

Furono veramente anni magici quelli che trascorsero tra il 2003 e il 2008: per quanto il FLOQSwabs® fosse un prodotto talmente innovativo da poter rimpiazzare, dal punto di vista qualitativo, gli Swab commercializzati fino a quel momento, il "fratello" Transystem® rimase un prodotto di punta in Copan. Anzi, si può dire che fu proprio il "vecchio" tampone, grazie al suo ottimo piazzamento nei mercati, a offrire un'eccellente e duratura stabilità finanziaria all'azienda. Si stima che vengano prodotti, ancora oggi, all'incirca 800 mila tamponi tradizionali al giorno e circa 500-600.000 Transystem®.

Il principale motivo per cui il FLOQSwabs® nacque come prodotto "di nicchia" fu il prezzo. Il costo sul mercato era di 0,20 centesimi al pezzo, circa il quintuplo del prezzo dei tamponi tradizionali. Per realizzare il floccato si dovettero sostenere costi più elevati rispetto alla produzione degli altri Swab, ma era anche vero che i benefit derivanti dall'adozione di questa nuova tecnologia in termini di sensibilità diagnostica e praticità d'uso erano enormi; spiega Lorenzo: «Fu necessario un enorme sforzo per consentire ai clienti di comprendere il valore aggiunto di questa soluzione e fargli capire che, con il floccato, è come se gli stessimo offrendo, in realtà, un'Audi al prezzo di una Volkswagen». Proprio per merito di questo lavoro di "educazione" dei mercati, il floccato riuscì a ritagliarsi, dal 2008, una sostanziosa fetta di mercato, che ha portato all'azienda una richiesta di produzione di oltre 1.500 pezzi al minuto. Grazie all'inserimento del nuovo FLOQSwabs® tra i prodotti di successo di Copan, l'azienda ha potuto svilupparsi ulteriormente, sia in termini di fatturato, sia in numero di dipendenti, come si può evincere dalla Fig. 6 – *Panoramica aziendale – fine anni Novanta, primi anni 2000* –. La crescita toccò, inoltre, il catalogo dei prodotti: lo sviluppo del floccato permise di aprire le porte a svariate applicazioni, tra cui la genetica e il forense. Il primo prodotto derivato dai FLOQSwabs®, fu l'Eswab®, l'unico sistema di raccolta e trasporto per batteriologia in fase liquida, sviluppato nel 2006 e affermatosi definitivamente dal 2008 in poi.

L'Eswab® comprendeva 1 FLOQSwabs® e 1ml di terreno in fase liquida, che manteneva la vitalità dei batteri aerobici e anaerobici, sia a temperatura ambiente sia in frigorifero, fino a 48 ore. Dopo questo prodotto si studierà un modo per realizzare gli UriSwab® e i FecalSwab®, che riscontreranno un notevole successo tra aziende leader nella distribuzione dei test rapidi di antigeni molecolari.

Medica 2018,
Düsseldorf, Germania

Successivamente, nel 2009, si studiò il modo di utilizzare il FLOQSwabs® per la raccolta e l'eluizione di campioni usati in un'ampia varietà di applicazioni, realizzando l'eNAt®. Questo tampone offriva vaste opportunità di utilizzo, quali test molecolari, test antigeni e kit di paternità, medicina legale e kit di test di abuso[38].

[38] L'eNat® è destinato alla raccolta, al trasporto e alla conservazione di campioni clinici da elaborare con piattaforme diagnostiche molecolari. Grazie alla particolare formulazione del terreno di eNat®, realizzato con guanidina e tixianina che stabilizzano l'RNA e il DNA di virus, batteri, clamidia, trichomonas vaginalis e micoplasma, l'eNAt® consente la manipolazione sicura dei campioni grazie alla sua inattivazione della vitalità microbica. Poiché lo scopo principale delle tecniche di amplificazione degli acidi nucleici è quello di esaminare un'ampia gamma di malattie infettive, l'integrità degli acidi nucleici dei campioni clinici, durante il trasporto e la conservazione, deve essere preservata. Il medium eNat® contiene un detergente e un denaturante proteico che impedisce la proliferazione microbica e garantisce la

Per questa nuova tipologia di Swab, furono fondamentali le certificazioni ottenute da Stefania e il team del controllo qualità, grazie anche all'aiuto di Alessia Tomasi, che con efficienza e capacità, riuscì a far superare i severi controlli degli standard americani ed europei.

Grazie al sostegno di questo "cerchio della vita" di Copan, che è l'interazione e la coesione di tutti i suoi team, dal 2003 si è, dunque, creato un "core-system" aziendale, che ha permesso a Copan di ottenere un grande successo, dando vita a partnership con imprese precedentemente concorrenti, come il colosso Becton Dickinson.

Da un piccolo tampone si è davvero costruito un impero. O meglio, da un "mi è venuta un'idea", si è creata una straordinaria realtà.

Fig. 6 – Panoramica aziendale – fine anni Novanta, primi anni 2000

Area	*Situazione*	*Situazione (2000)*
Fatturato	10,7 miliardi di Lire	20milioni di Euro
Prodotti	Centodue	> 150
Luogo	Bovezzo - California	Brescia (zona industriale)
Dipendenti	+Sessanta	> 70
Mercato principale	UK - USA - Europa - Giappone	UK - USA - Europa - Australia - Giappone

conservazione ottimale dell'RNA e del DNA a temperatura ambiente fino a 4 settimane e fino a 6 mesi a -20 ° C.
Fonte: https://products.copangroup.com/index.php/products/genetics/enat.

2.4. Falange Macedone

> Non spegnere la tua ispirazione e la tua immaginazione; non diventare schiavo degli schemi.
>
> *Vincent Van Gogh*

Senza la squadra di dipendenti e operai che hanno da sempre formato Copan, non sarebbe stato nemmeno possibile sognare, teorizzare progetti e desideri.

Sin dai tempi in cui a capo dell'azienda c'era il Sig. Triva, l'equipaggio di questa strana nave era composto da persone diverse tra loro: c'era chi non aveva importanti titoli di studio, il ragazzino alle prime armi, l'uomo con anni di esperienza, madri, padri, bresciani ed extracomunitari, ai quali si era anche fornito un aiuto concreto per trovare abitazioni in cui alloggiare. Erano tutti diversi, ma avevano un elemento in comune: il marchio "Copan" inciso nel cuore.

Da piccola azienda di famiglia, Copan diventò una grande realtà che accolse e nutrì centinaia di figli e figlie, diventando un'unica, operosa madre.

Con Daniele, Copan raggiunse un'identità ben definita, supportata dai numeri della produzione e dalla solidità economica, ma il traguardo non era stato raggiunto, era stato spostato sopra una nuova vetta: il sogno di Daniele, ereditato dalla visione paterna di costruire una fabbrica completamente "integrata", in cui "si entra con un granello di plastica e si esce col prodotto ultimato", fu quello di realizzare, dal 2008 in poi, "una fabbrica che vuole diventare un modello per altre fabbriche", come diceva spesso lui.

Per concretizzare una visione simile, la scelta fu di continuare a investire in innovazione, in tutti gli aspetti e in tutti gli angoli di Copan. Per chi ancora vive l'azienda, significa, certamente, investire nel futuro, sostenendo il settore di Ricerca e Sviluppo al fine di integrare nuove tecnologie e migliorie ai propri prodotti, ai sistemi operativi aziendali o anche nella gestione aziendale. Ma innovazione significa anche "arricchimento", un nuovo modo di pensare: rinunciare ai paradigmi del passato, ai rallentamenti e non fermarsi di fronte ai problemi. Innovarsi significa cercare soluzioni[39].

Ciò che si realizzò in questi anni fu quasi surreale. C'era l'entusiasmo, la passione, la qualità, l'indipendenza – da intendersi finanziaria, in quanto Copan dalla fine degli anni Novanta in poi, non ebbe più necessità di essere

[39] Vedasi l'approfondimento di Mario Mazzoleni all'inizio del capitolo 2 *Innovazione e cultura dell'innovazione.*

sorretta dalle banche –, la ricerca, la crescita, che diventarono ufficialmente i pilastri aziendali. Copan, però, è stata anche una donna "esigente": pretese tempo per sé. Molti suoi dipendenti mettevano, con regolarità, persino le ferie in discussione per portare avanti un progetto impegnativo. Ormai da brava attrice protagonista, Copan pretendeva senza mezze misure di entrare a far parte della vita dei dipendenti.

Il primo a cedere il suo tempo all'azienda, fu proprio Daniele: oltre all'attaccamento verso sua moglie Stefania e i suoi quattro figli – Giorgio nato nel 1990, Ilaria nel 1996, Francesca nel 1998, Alessandro nel 1999 –, sentiva un attaccamento "paterno" verso Copan. Per lui Copan era la sua stessa vita.

Anche Stefania Triva, già mamma dal 1996, provava lo stesso sentimento verso l'azienda del padre. Aveva visto, insieme al fratello, Copan diventare grande, adulta. A loro non pesavano mai gli orari flessibili, le riunioni tenute anche di notte, Daniele era sempre il primo ad arrivare in azienda e l'ultimo ad andarsene. Se si considera, poi, il fuso orario delle diverse parti del mondo in cui Daniele telefonava, come in America, si potrebbe dire che il tempo per Daniele era relativo.

Monitorava tutti gli spostamenti dei suoi dipendenti nelle varie trasferte fuori Italia e, se avevano qualche problema, era il primo a saperlo e il primo a intervenire. Come quella volta in cui un dipendente si perse in una strada svizzera in mezzo alla neve. Questa è una delle storie dentro la storia di Copan: i protagonisti coinvolti sono Massimo Ceresoli e Irene Acerbi.

Massimo entrò in Copan nel 1998, dopo aver incrociato – letteralmente – la sua strada con quella di Daniele: ha visto crescere Copan in sella ai suoi camion. Fu e sarà l'alleato prezioso nell'espansione estera, poiché incaricato di gestire il magazzino e gli spostamenti della logistica. Per merito di Massimo, l'azienda "si muove".

Irene, invece, è una talentuosa ragazza laureata in marketing, che nel 2010 fece il suo ingresso nell'area commerciale, affiancata da Nicola Arrighi e Silvio Lignarolo, entrambi con ottime qualifiche nel campo del marketing o del business development. Fondamentale fu il loro lavoro con i clienti americani, europei e dei paesi arabi, coi quali stipularono numerosi contratti.

Durante uno dei viaggi di Irene verso un cliente, tra le alpi svizzere, la sua macchina si fermò. Non c'era nessuno nel raggio di chilometri, in preda allo sconforto chiamò Daniele per informarlo che sarebbe arrivata in ritardo a causa di quel contrattempo. Daniele, preoccupato, si adoperò subito per mandare Massimo a prenderla in Svizzera. Massimo era già al volante, quando, fortunatamente, Irene riuscì a trovare alcuni ragazzi che la aiutarono, portandola da un meccanico.

Il bello di Copan, dal 2000 in avanti, fu proprio questo tipo di affiatamento che si creò tra i dipendenti. In cambio dei sacrifici e del tempo che l'azienda richiedeva ai suoi lavoratori, Copan dava ben più del reddito, restituiva un sogno, una visione, che diventò lentamente realtà, grazie alla condivisione di ideali, di progetti, del "bene comune", volti a portare l'azienda sempre avanti.

Proprio in virtù di questi concetti, nel 2010 nacque il progetto "Peter Pan". L'intento fu quello di permettere che i figli dei suoi dipendenti, ovvero il futuro aziendale, potessero crescere, in serenità e sicurezza, vicino ai propri genitori. L'associazione "Peter Pan" veniva gestita dai dipendenti dell'azienda, perciò fu possibile lasciare i propri bambini nelle mani di "colleghe", dentro le mura aziendali.

Daniele come Peter Pan, insieme alla sua Trilly – la sorella Stefania – realizzarono in Copan una piccola isola che c'è[40].

Con la Copan "di Daniele", si poteva far crescere i propri figli e fare divertire i genitori. Rimarranno nella storia dell'azienda le sue feste, organizzate sempre una in estate e una nel periodo natalizio: chiunque abbia conosciuto Copan dal '90 in poi, sa che in azienda si poteva festeggiare anche per l'acquisto di una macchina – è il caso delle prime stampatrici, celebrate in Copan come fosse il trionfo di Augusto a Roma –. Erano molti i pretesti che si concedevano per far festa, per stare un momento insieme fuori dal lavoro e ogni party, non si poteva fare senza il karaoke.

«Non ho mai conosciuto nessuno così appassionato di karaoke, come Daniele». Questa è una frase ricorrente in tutte le persone che lo hanno conosciuto. Daniele "amava" la musica: accoglieva alcuni suoi clienti con una canzone debitamente studiata per l'occorrenza – spesso era "Con te partirò" di Bocelli –, faceva il DJ e qualche volta cantava. Se non lui – che molti ricordano come non particolarmente intonato –, faceva cantare almeno gli altri. Sicuramente faceva divertire tutti.

Era impossibile non venire travolti dall'emozione che suscitava Daniele. Lui era diventato l'epicentro di Copan, su di lui convergevano tutte le decisioni ma anche le persone. E per "tutti" bisogna intendere davvero tutti. La sua disponibilità e volontà ad ascoltare i suoi dipendenti, dall'operaio al manager, era un valore palpabile, sentito, costante. Indispensabile.

Tra le operaie che possono raccontare come fosse la figura di Daniele vista dalla loro parte, c'è Ornella Marconi, collaboratrice di Copan da quasi trent'anni. Lei è tra quelle lavoratrici che Daniele chiamava "le mie ragazze".

[40] Fonte: *Copan e il Progetto Peter Pan: una favola divenuta realtà* (visionabile sul sito thegene.copangroup.com).

Tra i loro ricordi più belli c'è la volta in cui Daniele, compratosi una Harley Davidson in California e portatala a Brescia, fece salire tutte "le sue ragazze" sulla moto, portandole a turno lungo tutta la via in cui ha sede l'azienda, via Perotti. Ornella fu testimone della semplicità di Daniele e del suo affetto verso i suoi dipendenti.

Daniele e "la sua gente" credettero di aver realizzato l'incredibile, ma si superarono, ancora una volta, dal 2007. Si partì con un'idea, un seme di genialità: "Abbiamo i floccati, le macchine per fabbricarli, perché non creare attrezzature che possano processare autonomamente i tamponi, dopo averli campionati?"

In quegli anni era stato presentato alle fiere del settore di microbiologia, un dispositivo adibito al prelevamento delle urine, prodotto dalla Dynacon. Nello specifico, la InocuLAB, una macchina automatizzata che svolgeva le attività di configurazione front-end associate alla preparazione delle colture microbiologiche da campioni di urina, secondo criteri definiti (modalità elaborazione urina)[41].

Le macchine come l'InocuLAB, tuttavia, non ebbero un grande successo durante le fiere. Per quanto il sentiero dell'automazione fosse riconosciuto come un valore aggiunto aziendale, era ancora troppo elitario dal punto di vista del prezzo e non offriva soluzioni concretamente migliori rispetto al lavoro manuale.

Anche in Giappone si era già costruito qualche strumento che analizzasse tamponi non in fase liquida, ma in realtà, ancor prima di scoprire queste apparecchiature, in Copan si stava già ragionando, come detto prima, sull'idea di realizzare macchine che aprissero i Transystem® e analizzassero i loro contenuti. C'era un desiderio in Copan, non troppo nascosto, di automatizzare i laboratori di microbiologia. L'intuizione non fu casuale, fu frutto di un processo aziendale ormai consolidato, quello dell'innovazione continua, combinato al bisogno del mercato.

Daniele ci pensò un po' su, affascinato da questo settore dell'automazione, incominciò a studiare e a informarsi, da bravo ingegnere, documentandosi in giro per trovare qualcosa, tra Brescia, Milano e Cremona, insomma nel territorio "nostrano", che gli facesse scattare la scintilla giusta. Daniele ipotizzò di far convergere le tecnologie "pick & place", progettate per prendere un oggetto e trasportarlo in un punto specifico, al fine di sviluppare una soluzione meccatronica in grado di processare i tamponi e la semina su piastre di Petri.

[41] http://www.dynacon.ca/en/solutions/innova.html.

La semina e la distribuzione delle colonie sulle piastre occupavano gran parte del tempo di un tecnologo. Nonostante la sua importanza, il compito routinario di aprire, processare, etichettare e chiudere le piastre numerose volte al giorno, era un'attività laboriosa e ripetitiva che allontanava il personale qualificato da altrettanti importanti lavori interpretativi che richiedevano la loro esperienza. Ma la semina e la distribuzione su piastra dei campioni erano lavori importanti per la Microbiologia, pertanto dovevano essere seguiti in modo impeccabile. Una diagnosi affidabile e accurata dipendeva dalla qualità del campione. I responsabili di laboratorio di tutto il mondo si trovavano, quindi, ad affrontare continuamente un alto carico di lavoro a fronte di un sempre più carente numero di personale.

Daniele ci vide lungo: presentare una soluzione al processamento automatico del laboratorio di batteriologia, avrebbe potuto essere un'(altra) idea geniale.

Ci vollero quattro mesi di gestazione, un faticoso lavoro di progettazione ma, alla fine del 2007, venne alla luce la prima WASP[42] – acronimo di Walk-Away Specimen Processor[43] –: il futuro dei laboratori di microbiologia.

La macchina WASP® offriva una soluzione tanto necessaria quanto innovativa: svolgendo i test meccanici basilari per semina e distribuzione di colonie, consentiva il reimpiego di

Daniele con Daniel Del Mastro

Foto di repertorio

[42] È doveroso citare il nome dei componenti dello sparuto gruppo che diede letteralmente vita al primo esemplare di WASP: Daniele Triva, Valter Molinari, Antonio Bertolini, Guido Schinetti, Stefano Braga, Mario Savarese.

[43] WASP sta per Walk Away Specimen Processor, che significa Sistema di Processamento dei campioni che consente all'operatore di occuparsi d'altro (walk away).

preziose risorse per il personale, senza compromettere la qualità dei test diagnostici.

Quando fu presentata la prima WASP® al pubblico, vi era la consapevolezza che la macchina non fosse ancora perfetta, ma venne ugualmente trasportata al congresso di Miami, dal team di tecnici e commerciali e anche dallo stesso Daniele, con la stessa cura che avrebbero riservato al proprio figlio neonato. Produrre una macchina del genere allora richiedeva, oltre al tempo di progettazione, anche un notevole investimento in tecnologia e meccanica. I soli robot addetti al "Pick&Place" costavano 50mila euro ciascuno, la WASP® non poteva essere un prodotto da "consumer", inoltre, dato che un cambiamento così radicale eliminava gran parte del lavoro manuale nei laboratori, la WASP® fu vista con la normale diffidenza che accompagna tutte le innovazioni radicali.

Per questo si era pensato a come convincere anche i più scettici: i processi svolti dalla macchina non avvenivano all'interno, nascosti da lamiere in plastica o metallo, erano ben visibili grazie a delle vetrate, che permettevano di mostrare come funzionasse la WASP®, cosa facesse e, conseguentemente, a che risultato portasse. Così chi diffidava della sua automazione, poteva ricredersi.

Il potenziale offerto da WASP® portò un significativo cambiamento in Copan: da produttrice di consumabili, innovativi e unici nel loro genere, l'azienda "volò alto" verso l'automazione in laboratorio. Fu un progetto impegnativo, una nuova sfida, eppure Daniele credette in questa idea e andò avanti, chiedendo alla "sua gente" di confidare in lui.

Il progetto WASP® ebbe successo grazie al

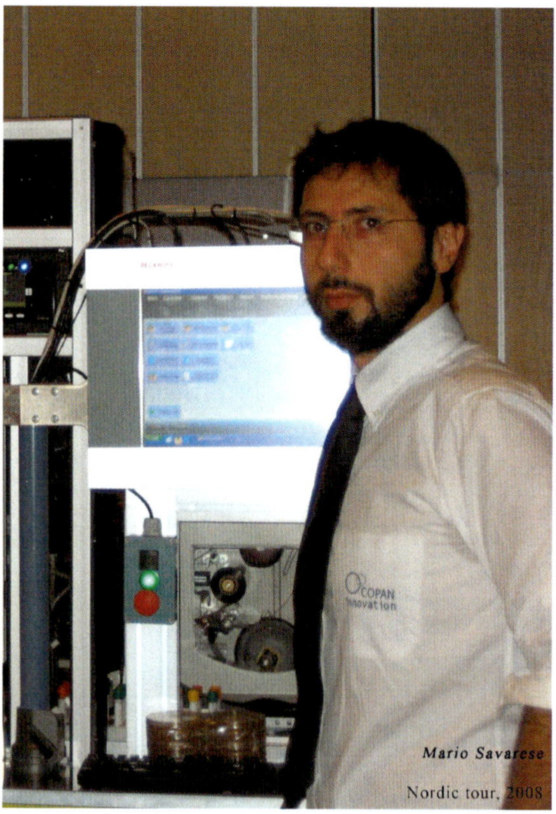

Mario Savarese
Nordic tour, 2008

team di progettazione, capitanato allora da Pierangelo Valzelli, ma il merito fu anche di chi riuscì a commercializzare la macchina – in questo va sicuramente una menzione d'onore a Daniel Del Mastro – e di chi coordinò il progetto iniziale, sino a diventare recentemente il managing director di Copan Wasp s.r.l.: Mario Savarese.

Laureatosi alla Bocconi in Economia politica, Mario intraprese la sua carriera in Copan nel 2003, seguendo ogni passaggio fatto da Daniele in merito al mondo WASP®, dalla creazione al regulatory, dallo sviluppo fino al controllo dei costi. Mario, pur non dotato di un background tecnico o scientifico, ha saputo ritagliarsi un ruolo da coordinatore e poi da leader della squadra che continua a sviluppare soluzioni hardware e software d'avanguardia nel settore della laboratory automation.

Con la vendita del progetto CMT® al competitor olandese, Daniele ebbe sufficienti risorse per distribuire un premio economico a tutta la sua "gente" e per realizzare "Futura": acquistato nel 2009, questo fu lo stabilimento di Copan in cui si diede vita a progetti rivolti all'automatismo, alle tecnologie più moderne, all'innovazione. Al futuro, insomma.

In "Futura" vennero adibiti gli spazi per permettere ai tecnici di Copan di concretizzare il sogno che aveva Daniele sulla full lab automation: infatti, dal 2012, si cercò di estendere il progetto di Wasp a un sistema di incubazione automatica e di lettura tramite immagini delle piastre, realizzando così WASPLab®. Quest'ultima era, letteralmente, un "prolungamento" della WASP®, in quanto queste due macchine si connettevano tramite un nastro trasportatore. Il compito della WASPLab® era di trasferire i campioni, dopo essere stati elaborati dalla "sorella" Wasp, verso il macchinario addetto all'incubazione automatizzata, processando, inoltre, ogni campione con un codice a barre o a un sistema di microbiologia digitale. Col suo design modulare e l'ottimizzazione degli ingombri, WASPLab® può essere personalizzata in base alle esigenze specifiche del laboratorio e, grazie al sistema robotizzato di gestione delle piastre, gli incubatori intelligenti e la tecnologia di acquisizione delle immagini all'avanguardia, le macchine Wasp stanno permettendo di rivoluzionare il lavoro dei microbiologi di tutto il mondo.

Futura fu, è oggi e sarà il cervello pulsante di Copan, situata a qualche numero civico di distanza dalla sede centrale e amministrativa, che invece si può considerare come il cuore di Copan.

Questa nuova sede produttiva rappresenterà, inoltre, il campus di ricerca e sviluppo, aperto a tutti i ricercatori che desiderano trovare una struttura adatta alla realizzazione di idee e progetti innovativi.

La prima WASP®

ECCMID, 2008

Le sinergie che dal 2008 fluirono in Copan, portarono a una nuova sensibilizzazione all'imprenditorialità. Tutti si sentirono coinvolti in questo – ulteriore – capovolgimento aziendale. Le sedi aumentavano, cambiavano, anche fuori Italia: lo stabilimento americano si spostò, da Corona trasferendosi a Murrieta, sempre in California, in un edificio molto più voluminoso. Nel 2011 aprì "Copan Innovation", a Shanghai, che fu anch'essa un importante polo logistico e, successivamente, produttivo.

A Daniele spettava gestire l'enorme cambiamento portato in Copan in questo primo decennio del 2000: come riepilogato nella Fig. 7 – *Panoramica aziendale – dal 2000 fino al 2013* –, l'azienda raggiunse numeri di fatturato e di dipendenti che poterono ridefinire il suo biglietto da visita. Non si poteva più parlare di una "piccola azienda".

Gli Swab erano ormai una fonte di introiti stabile, come dice Stefania Triva: «Le basi di Copan sono pilastri fatti di Swab, pipette e FLOQSwabs®. La pagnotta la pagavano i consumabili». Con una solidità tale, Copan si poté concedere anche una deviazione verso un ramo nuovo da esplorare, quale fu quello dell'automazione.

È da sottolineare questo concetto: l'innovazione data dalla creazione di un nuovo reparto aziendale, quello che si realizzò dentro "Futura" per il montaggio, lo studio e le evoluzioni delle macchine WASP®, non sarebbe stata possibile senza l'innovazione dei floccati e senza l'ottimo traguardo raggiunto nei mercati.

2.4.1. *Dalle organizzazioni strutturate alla flessibilità*[44]

> La grandezza d'un mestiere sta forse, in primo luogo, nel vincolo che esso crea fra gli uomini: un solo lusso vero esiste, ed è quello dei rapporti umani.
>
> Exupery, *Terra degli Uomini*

Si può raccontare il processo evolutivo dell'uomo attraverso la sua capacità di individuare soluzioni organizzative in grado di migliorare prima la propria sopravvivenza, poi la propria relazione sociale, infine le proprie attività economiche. Si può affermare che l'individuazione di "formule organizzative" rappresenti una sorta di cartina di tornasole in grado di misurare sia la capacità della razza umana di affrontare il proprio ambiente e di strutturare le proprie azioni, sia di approcciare la complessità che, man mano, l'evoluzione ha finito con il generare. Luca Solari[45] afferma che "*l'organizzazione è un incredibile prodotto dell'intelligenza umana*", collegando il portato dell'innovazione organizzativa alla capacità di generare idee efficaci da parte dell'essere umano. Evitando di ripercorre l'intera storia della nostra presenza su questo pianeta, possiamo limitarci a riflettere intorno all'evoluzione che i modelli organizzativi hanno subito anche solo negli ultimi decenni per cogliere la capacità di adattamento degli stessi alle nuove sfide che le aziende hanno dovuto intraprendere, ma anche il profondo cambiamento che si è andato realizzando negli ultimi anni spesso per anticipare effetti che i mutamenti, prevalentemente generati da cambiamenti di natura tecnologica e politica, hanno finito con il determinare. Organizzare etimologicamente significa disporre elementi coordinandoli tra di loro al fine di raggiungere uno o più scopi.

Nelle aziende per anni questo principio si è andato declinando attraverso processi che gestivano e coordinavano gli elementi del sistema aziendale (ad un certo punto chiamati anche funzioni), al fine di agevolare il funzionamento dell'impresa e la sua capacità di operare nel tempo. Quindi, per organizzazione[46] si intendeva la capacità da parte dell'impresa di:

- strutturarsi individuando organi, ruoli, persone, gerarchie, processi di gestione delle risorse umane in termini di crescita/carriera/remunerazione;

[44] di Mario Mazzoleni

[45] L. Solari "*Freedom Management*" A Gover Book Rouledge, Taylor & Francis Group, New York, 2017.

[46] A. Rugiadini, *Organizzazione d'impresa*, Giuffrè, Milano, 1979.

- la forma attraverso la quale le strutture e ciò che in esse era contenuto si realizzavano e "funzionavano", ossia la cosiddetta "struttura organizzativa formale";
- i modi attraverso i quali (definiti processi) l'impresa veniva gestita.

La capacità di organizzarsi per l'azienda in tempi recenti si è andata arricchendo di una prospettiva che ha finito con il generare approcci nuovi e aprire a nuove opportunità (innovazioni organizzative), portando a prendere in considerazione e a dare sempre più valore al contesto culturale e valoriale nel quale l'impresa opera. In sostanza, alla visione organizzativa che privilegiava approcci per strutture e per processi, si è andata affiancando una progettazione delle modalità organizzative di impresa sempre più orientata dalla spinta a considerare le variabili sociali, culturali e, infine, comportamentali[47].

L'organizzazione aziendale, quindi, negli ultimi anni si è andata sviluppando (sempre sotto la spinta di volere anticipare o assecondare i cambiamenti che il proprio contesto proponeva) attraverso un approccio che si sviluppava tramite il disegno di strutture e di processi, che potessero orientarsi a garantire efficienza ed efficacia delle attività aziendali, e che si andava concretizzando individuando forme organizzative in grado di misurarsi con la realtà in cui l'impresa operava seguendo un iter che, semplificando, possiamo riportare nel modo seguente (Tav. 3):

Tav. 3 – Il supporto logico alla definizione di strutture organizzative "razionali"

[47] R. Kreitner, A. Knicki, *Comportamento organizzativo*, Apogeo Education-Maggioli, Rimini, 2013.

Le strutture di riferimento erano riconducibili a forme predeterminate e sufficientemente standardizzate, passando da modelli organizzativi semplici (struttura definita elementare) a forme sempre più complesse che transitavano dalle strutture funzionali per arrivare a quelle più articolate, che si definivano attraverso matrici organizzative (a loro volta legate a singoli prodotti o famiglie di output, per arrivare a raccordare le organizzazioni in relazione ai mercati di sbocco) o suddividendo l'organizzazione in relazione agli obiettivi a cui le diverse aree geografiche o mercati erano orientati[48]. Un elemento che poteva differenziare le imprese era quello legato all'articolazione delle strutture organizzative che, in funzione di vari elementi, potevano svilupparsi in senso orizzontale attraverso livelli (gerarchici) il cui scopo era quello di suddividere responsabilità e mansioni all'interno di una determinata area operativa (funzionale o più complessa). Il numero di livelli finiva così per rendere evidente la modalità attraverso la quale le strutture organizzative si articolavano in termini gerarchici e operativi. L'estremizzazione di questo modello portava alla distribuzione estremamente parcellizzata di responsabilità e mansioni spesso governata o coordinata attraverso procedure e richiami a vincoli di tipo burocratico (normativo). Questo ha anche portato, soprattutto nelle grandi organizzazioni, a una proliferazione di funzioni di staff: risorse umane, ufficio legale, controller, pianificazione strategica, finanza, comunicazione, gestione del rischio, revisione interna, relazioni con gli investitori, formazione, relazioni pubbliche, controllo ambientale, servizi di ingegneria, controllo della qualità, e via ampliando, finendo così a parcellizzare ulteriormente l'attività aziendale e rendendo sempre più complicato affermare una visione di insieme (sistematica) dell'impresa.

Come detto, l'affiancarsi di attenzioni agli aspetti comportamentali ha lentamente messo in discussione questi modelli (senza, per altro, che queste logiche finissero nel dimenticatoio tanto che ancora oggi molte realtà aziendali mantengono questo approccio alla gestione). In una prima fase questa novità ha portato molte imprese a ridurre il numero di livelli organizzativi con richiami teorici a modelli di azienda a struttura "piatta"[49] per poi iniziare a rivedere il paradigma iniziale di riferimento, ossia la possibilità o necessità di individuare modelli e processi sufficientemente standardizzati a cui fare riferimento per affrontare le sfide aziendali.

[48] Per un approfondimento sulle forme organizzative si vedano tra gli altri: https://boa.unimib.it/handle/10281/22626; https://iris.unibocconi.it/handle/11565/413791; F. Fontana, *Il sistema organizzativo aziendale*, FrancoAngeli, Milano, 1999.

[49] V. Perrone, *Le strutture organizzative d'Impresa – Criteri e modelli di progettazione*, Egea, Milano, 1990.

Lo stadio successivo dell'evoluzione aziendale può essere riferito a quello che in Maslow[50] corrisponde al livello di "autorealizzazione", venendo denominato in vari modi, come autentico, integrale o Teal.[51] Questa innovazione nasce dalla constatazione che il modo di gestire le organizzazioni sia stato portato a un punto di rottura dove chi vive alla base della piramide, subisce molto spesso faticosamente il lavoro, piuttosto che affrontarlo nel segno della passione e della realizzazione. Ma questo stato non si registra solo nelle zone più estreme dell'organizzazione aziendale come sottolinea Gary Hamel[52] «[...] *la vita al vertice della piramide non è molto più motivante. Dietro alla facciata e alla baldanza, anche i più potenti capi d'azienda conducono vite di silenziosa sofferenza. La loro incessante attività spesso copre un profondo senso di vuoto. I giochi di potere, le dinamiche politiche e le battaglie finiscono per avere un caro prezzo per tutti. Sia al vertice che alla base, le organizzazioni sono spesso teatro di demotivanti battaglie perseguite dai nostri ego, inospitali ai più profondi aneliti delle nostre anime. Istintivamente, sappiamo che il management è obsoleto. Sappiamo che i suoi rituali e le sue procedure sembrano un po' ridicoli all'alba del ventunesimo secolo*». Le imprese che operano secondo gli indirizzi Teal, quindi, possono essere rappresentate come luoghi dove si adottano modelli organizzativi "democratici" – ad es. holacracy[53]– che operano attraverso processi decisionali diffusi, a limitata o assente struttura gerarchica, dove il consenso e la capacità di influenzare sono espressioni di leadership naturali e non da autorità conferita dall'alto. Sono imprese dove per perseguire gli scopi, evolutivi, dell'organizzazione viene richiesta la massima assunzione di responsabilità individuale. Con l'assenza del middle management e poche funzioni di supporto, le organizzazioni Teal rinunciano ai tradizionali meccanismi di controllo, operando su un paradigma semplice che richiama la reciproca fiducia[54].

Utilizzando lo schema che viene proposto da Frederic Laloux[55] (Tav. 4), l'evoluzione verso l'autorealizzazione viene a caratterizzarsi come un orga-

[50] Per approfondimenti sul tema si veda tra gli altri: Gareth, R. Jones, G. Soda, *Organizzazione. Teoria, progettazione, cambiamento*, Egea, Milano, 2012; Maslow, Abraham H., *Teoria della motivazione umana*, Pirelli, Milano, 1973.

[51] F. Laloux, *Reinventare le organizzazioni. Come creare organizzazioni ispirate al prossimo stadio della consapevolezza umana*, Guerini next, Firenze, 2016.

[52] https://en.wikipedia.org/wiki/Gary_Hamel.

[53] F. Laloux, op. cit.

[54] J.F. Zobrist, *Favi Tome 1, L'entreprise Qui Croit Que L'homme Est Bon*, Humanisme & Organisations, Paris 2007. Delinea le pratiche di un'azienda che "crede che l'uomo sia buono".

[55] F. Laloux, *Reinventing Organizations: A Guide to Creating Organizations Inspired by the Next Stage of Human Consciousness*, 2014.

nismo vivente, orientata alla crescita attraverso un forte orientamento evolutivo (crescita e durabilità utilizzando i classici vocaboli dell'economia aziendale), presente in mercati multipli e affrontati attraverso processi produttivi e gestionali integrati, fortemente caratterizzata da un modello auto-organizzato e, come tutti i corpi viventi, in grado di adattarsi al contesto (ambientale) di riferimento, infine, con la presenza di una leadership distribuita.

Tav. 4 – Lo stadio evolutivo del sistema organizzativo aziendale

tipologia organizzativa	Metafora	Innovazioni	Fase	Contesto ideale	Modello decisionale	Stile di Leadership
Organizzazione ROSSA	Branco di lupi		Pionieristica	Caos	Paura e controllo	Predatoria
Organizzazione AMBRATA	Esercito	Prospettiva di lungo termine Dimensione e stabilità	Differenziata	Semplice	Comando e controllo	Autoritaria
Organizzazione ARANCIONE	Macchina	Innovazione Responsabilità Meritocrazia	Differenziata per processi	Complicato	Predittivo e controllo	Scientifica
Organizzazione VERDE	Gruppo di amici	Empowerment Cultura dei valori Prospettiva a stakeolders multipli	Differenziata circolare	Complesso	Empower & Adattamento	Di servizio
Organizzazione TEAL	Organismo vivente	Auto-organizzazione Totalità Proposito Evolutivo	Integrata	Multiplo	Auto-organizzazione e adattamento	Distribuita

Dal punto di vista organizzativo la storia di Copan può essere descritta come quella di un'azienda estremamente innovativa, diversa, ma anche orientata a sperimentare soluzioni coerenti con i princìpi e i valori che la famiglia Triva e le varie figure professionali, che, nel tempo, hanno occupato posizioni manageriali, hanno espresso e hanno saputo fare evolvere in relazione alla crescita sia dell'impresa sia attraverso profondi processi di autoapprendimento.

In estrema sintesi i principi ispiratori del modello aziendale (e della sua traduzione organizzativa) possono essere i seguenti:

- centralità della persona vista non solo come "risorsa", ma come base per sostenere la progettualità e l'operatività dell'azienda, nella sua globalità. Quindi da mettere nelle condizioni di vivere l'impresa come luogo ma anche come fonte di esperienze positive e gratificanti, indipendentemente dal ruolo che in essa si ricopre. Si è parte di un contesto sociale che si condivide e si vive cercando di evitare le classiche situazioni di "anomia" che spesso descrivono gli ambienti lavorativi;

- fiducia nell'essere umano (addirittura avversione alle logiche strette di controllo), anticipando così uno dei pilastri della visione Teal appena descritti. Allo stesso tempo altissima attenzione al rispetto delle regole di mercato e di relazione con i diversi Stekeholder. Il cuore della questione è che chi opera in azienda viene considerato persona ragionevole che farà la cosa giusta: con questa premessa sono necessarie poche regole e pochi meccanismi di controllo (concetto diventato di riferimento per le imprese "democratiche");
- responsabilità diffusa e legata a progetti e competenze dove l'idea di base è quella di operare per obiettivi sia che si progettino soluzioni innovative, sia che si lavori alla produzione e alla ricerca delle modalità più efficienti per sostenere la crescita e le sfide di mercato. In questo caso il modello culturale e valoriale si sposa in modo esplicito (e già con Daniele Triva) con i princìpi organizzativi e gestionali del mondo Giapponese e del cosiddetto Toyota Management System[56];
- azienda piatta[57] caratterizzata da un limitato ricorso a figure di staff (avendo sviluppata la funzione risorse umane soprattutto verso modalità di ascolto prima, e di sviluppo del benessere organizzativo, poi);
- azienda dialogante dove i processi portano tutti a farsi carico delle attività contribuendo secondo capacità e non solo per ruolo allo sviluppo senza remore nello "sporcarsi le mani" direttamente;
- una rilevante volontà (amplificata nella fase di crescita che caratterizza la fase che ha avuto inizio nel 2014) nel perseguire uno scopo aziendale evolutivo rendendolo comprensibile e condiviso a tutti i partecipanti al progetto stesso attraverso un radicale impegno di tipo partecipativo;
- uno sforzo difficile e faticoso di implementare innovazioni strategiche e gestionali attraverso passaggi che prevedono prima la consapevolezza della necessità della loro adozione e, successivamente, il processo anche lento di assimilazione delle novità (anche dando per scontati errori, resistenze e rallentamenti)[58];

[56] https://www.youtube.com/watch?v=42C2JL-SZ64 – J.K. Liker, L. Attolico, *Toyota Way: I 14 principi per la rinascita del sistema industriale italiano - con 14 casi di studio italiani*, Hoepli, Milano, 2004.

[57] Senza saperlo Daniele Triva citava Gary Hamel: «*Le strutture piramidali tradizionali chiedono troppo a troppo pochi e non abbastanza a tutti gli altri*».

[58] F. Laloux, op. cit. «*La diffusa mancanza di motivazione che stiamo osservando in molte organizzazioni è un devastante effetto negativo dell'iniqua distribuzione del potere. Per pochi fortunati, il lavoro è un luogo di gioiosa auto-espressione, un luogo in cui fare squadra con i*

- l'orientamento alla crescita continua supportata dalla consolidata azione di reinvestimento del valore economico generato dalla produzione;
- la volontà di assecondare gli interessi e le propensioni di crescita dei propri collaboratori, anche attraverso percorsi di carriera non "lineari" o poco coerenti con le pregresse esperienze professionali o con gli indirizzi scolastici;
- una grande predisposizione ad affrontare l'innovazione spingendo tutti i soggetti coinvolti nella struttura aziendale a essere propositivi, sostenendo ogni idea secondo il richiamo allo slogan del "si può fare", riducendo l'incubo giudicante legato al manifestarsi dell'errore;
- l'apertura ai giovani (orientamento potenziato negli ultimi anni, dando vita ad un'organizzazione aziendale visibilmente caratterizzata dal predominio di giovani donne e uomini);
- la realizzazione di un luogo fisico di lavoro in grado di assecondare lo sforzo di inclusione anche attraverso l'erogazione di servizi inseriti in spazi che ne facilitino l'inserimento e ne amplifichino il valore;
- l'apertura e il consolidamento di iniziative a supporto della vita delle persone coinvolte nel progetto aziendale, andando oltre a quelle direttamente collegate al coinvolgimento lavorativo (sviluppando un percorso di welfare aziendale ben prima che questo genere di iniziative fossero previste nelle strutture legislative del Paese).

L'anomala modalità organizzativa di Copan continua a svilupparsi e a innovarsi nel segno della flessibilità e della capacità di adattamento. In questo modo l'azienda riesce anche a seguire un percorso inverso da quello descritto precedentemente con riferimento alle imprese che "scoprono" il valore dell'autoregolamentazione, riuscendo a intravedere la necessità di inserire processi maggiormente strutturati a fianco dei consolidati modelli Tean, laddove nuove sfide imprenditoriali o nuovi mercati richiedono di avviare percorsi capaci di dare stabilità. Così, pur mantenendo un'organizzazione leggera e con pochi livelli gerarchici, l'attività viene sostenuta attraverso l'introduzione di strumenti gestionali e informativi in grado di consolidare l'attività (dal controllo di gestione, al budget, a sistemi gestionali fino ad arrivare all'introduzione di logiche incentivanti legate al raggiungimento degli obiettivi).

colleghi inseguendo traguardi significativi, ma per troppi è sinonimo di noia, di qualche ora di vita "affittata" ogni giorno in cambio di uno stipendio».

Quando tutto sembrava troppo difficile, Daniele e "la sua gente" trovavano sempre la soluzione per far funzionare le cose. Per questo Daniele aveva coniato un soprannome adatto a questa squadra formidabile, capace di affrontare tutte le guerre: "la falange macedone".

In onore della speciale forza militare che ha fatto la storia[59], vincendo battaglie grazie alla sua micidiale unione d'attacco e difesa, Daniele vedeva oltre le difficoltà che potevano insorgere nella sua azienda e sapeva che la sua Falange era davvero pronta ad affrontare qualsiasi sfida.

Dal dicembre del 2013 questa sua certezza venne messa duramente alla prova.

Fig. 7 – Panoramica aziendale – dal 2000 fino al 2013

Area	*Situazione*
Fatturato	> 70 milioni di Euro
Prodotti	> 200
Luogo	Brescia - California - Cina
Dipendenti	> 130
Mercato principale	UK - USA - Europa – Giappone - Cina

[59] Fonte: https://it.wikipedia.org/wiki/Falange_macedone.

2.5. Io sono tutti voi

> Per me, una persona eccezionale è quella che si interroga sempre, laddove gli altri vanno avanti come pecore.
>
> *Fabrizio De André*

La prima a sospettare che qualcosa non andava, fu Santina. Daniele, a dicembre 2013, aveva contratto una strana tosse e scoperto una piccola ciste dietro la nuca.

Daniele alla console

Foto di repertorio

Daniele scherzava spesso dicendo che ben presto avrebbe lasciato l'azienda in mano alla sua falange macedone. Sapeva che c'era qualcosa che non andava, ma forse, in cuor suo, non voleva fare preoccupare familiari e colleghi. Poi, a gennaio del 2014, durante una toccante riunione davanti a tutta la sua gente, rivelò che gli avevano diagnosticato un tumore al cardias.

Daniele era sempre stato quel tipo di uomo che si preoccupava prima degli altri che di sé stesso, nonostante la malattia e gli sforzi per combatterla, continuò ad andare al lavoro, lì dove c'era la sua seconda famiglia, non abbattendosi e spronando gli altri a seguire la rotta tracciata. Quello che molti dicono su Daniele, è che ci sarebbe troppo da raccontare su di lui. Sono molteplici i racconti che i suoi colleghi gli hanno dedicato per le interviste a sostegno della nascita di questo libro, nel ricordare gli avvenimenti accaduti tra il Natale del 2013 e l'estate del 2014. La maggior parte di questi ricordi, ancora adesso non possono che commuovere.

Daniele Triva,
Brescia, foto di repertorio

Daniele morì il 30 luglio 2014, qualche giorno prima delle vacanze estive, come se, dicono, “non avesse voluto disturbare il lavoro altrui”. La sua ciurma, la sua gente, perse il suo capitano. Ma l’azienda non lasciava Daniele, soprattutto non i suoi ideali, tramandati in eredità a tutti coloro che sono stati una parte di lui, una parte di Copan.

2.5.1. Il coinvolgimento generazionale[60]

> I miei sogni sono irrinunciabili, sono ostinati, testardi e resistenti.
>
> *L. Sepulveda*

Come già visto, il modello di impresa familiare è tipico delle aziende italiane, la cui struttura proprietaria è concentrata nelle mani dell’imprenditore e dei componenti di un nucleo familiare.

[60] Di Mario Mazzoleni.

Non entrando nel merito dei molti studi che hanno affrontato il tema della continuità aziendale nelle imprese familiari[61], appare abbastanza chiaro come, nella prassi corrente (almeno per quanto riguarda la realtà italiana) il modello di riferimento per assecondare (o tentare di farlo) la continuità aziendale, ruota intorno alla volontà di trasmettere il governo delle imprese alle successive generazioni, trasferendo loro proprietà e responsabilità gestionali.

La volontà di garantire ai componenti della propria famiglia per eredità il governo dell'impresa, spesso spinge l'imprenditore a forzare le proprie scelte (e valutazioni) portandolo a valutare i propri discendenti più attraverso filtri di tipo sentimentali o affettivi, piuttosto che sfruttando elementi oggettivi in grado di rappresentare in modo corretto le capacità dei propri discendenti di guidare l'azienda e di assumersi le responsabilità che un ruolo di leadership comporta.

Gli imprenditori finiscono a volte per arrivare persino a trascurare le stesse legittime volontà dei propri figli o parenti le cui aspirazione si orienterebbero lontano dall'azienda familiare. Partendo da questo assunto, è evidente che un rischio che le imprese familiari corrono rimane quello legato alla natura ereditaria del potere, che, spesso, non sembra in grado di garantire la più efficace transizione intergenerazionale poiché la cosiddetta attitudine imprenditoriale non risulta necessariamente essere connaturata da ereditarietà.

Il passaggio gestionale viene poi reso ancora più complicato laddove si registri una sorta di sovrapposizione tra la famiglia e l'attività aziendale. Questo avviene, ad esempio quando oltre all'imprenditore e al proprio erede designato, nell'impresa sono coinvolti (a livelli diversi di responsabilità) altri membri della famiglia proprietaria (o delle famiglie proprietarie).

Allo stesso tempo il passaggio si confronta con elementi di complessità maggiori quando i componenti della famiglia sono portati a confondere gli scopi familiari con le finalità aziendali (che non necessariamente sono convergenti). Riassumendo, appare evidente la rilevanza del fenomeno e la necessità di affrontarlo in modo adeguato anche provando ad ipotizzare forme diverse e più efficaci di gestione del processo di passaggio del testimone in azienda, avendo chiare le diverse variabili in gioco e le leve su cui si può agire. In quest'ottica la successione imprenditoriale può essere letta come

[61] Sul modello imprenditoriale italiano e sul passaggio generazionale si leggano tra gli altri: G. Airoldi, F. Amatori, G. Invernizzi, *Proprietà e governo delle aziende italiane*, Egea, Milano, 1995; A. Nobolo, *Continuità e sistemi di governo economico nelle aziende di produzione a proprietà familiare*, Egea, Milano, 2000; I. Marchini, *Il governo della piccola impresa. Le basi delle conoscenze*, vol. I, ASPI/Ins Edit, Urbino-Genova, 2003; A. Amici, *Il passaggio generazionale: da rischio a opportunità di sviluppo dell'impresa. Alcuni casi di successo nella provincia di Brescia*, FrancoAngeli, Milano, 2018; A. Dell'Atti, *Il passaggio generazionale nelle imprese familiari*, Cacucci, Bari, 2008.

una delle naturali fasi di sviluppo e di consolidamento dell'impresa in grado di rappresentare, persino, momenti formali, se non obbligati, di ripensamento e riorientamento dell'azienda.

Approcciando in questo modo il processo legato al "ricambio generazionale" si possono intraprendere diversi percorsi il cui avvio deve prendere spunto dalle condizioni di partenza in cui l'impresa si trova e dalle possibili soluzioni alle quali si pensa di arrivare dando formalmente l'avvio al processo stesso. Procedendo per sintesi il primo elemento sul quale un approccio a questa delicata fase di vita dell'impresa dovrebbe fare riferimento, è proprio quello di intrepretare anche il "passaggio di leadership" come un normale momento di vita dell'azienda da programmare ed affrontare seguendo logiche, ed utilizzando strumenti adeguati alla bisogna che ne sostengano lo svolgimento.

Partendo da questo primo assunto le linee guida da seguire devono, giocoforza, farsi carico di verificare lo "stato dell'arte" ossia le condizioni da cui l'azienda parte soprattutto in termini di ruoli, competenze, spazi di azione dai quali avviare il processo.

Sempre seguendo il processo che deve accompagnare questa delicata, ma naturale, fase di vita aziendale possiamo sottolineare come il processo di successione si possa caratterizzare semplificandolo secondo le 4 tipologie definite da Mastroberardino[62] come:

- successione elusa;
- successione rimandata;
- successione istantanea;
- successione programmata.

Secondo questa rappresentazione si "definisce successione elusa quella fattispecie caratterizzata da un reale o apparente disinteresse per il fenomeno successorio da parte dell'imprenditore, il quale non accetta l'idea di una programmazione della transizione direttiva". È questa una situazione che si rileva spesso nelle imprese anche in presenza di leader con una anzianità anagrafica importante che può portare, addirittura, ad un salto generazionale costringendo figli ormai a loro volta anziani a rimanere "in panchina per decenni".

Abbastanza vicina alla prima tipologia è la successione che viene continuamente rinviata adducendo motivazioni varie (inizialmente sempre legate all'impreparazione dei successori e all'esigenza di testarli sul campo). In questo caso appare evidente una minima consapevolezza del bisogno di programmare un avvicendamento che viene in qualche modo ammortizzato attraverso continui rinvii più o meno motivati.

[62] P. Mastroberardino, *Significato e ruolo dei clan familiari nel governo dell'impresa*, Cedam, Padova, 1996.

La successione istantanea ha due possibili rappresentazioni entrambe legate ad eventi in qualche modo traumatici. Una prima tipologia nasce dalla presa d'atto dell'imprenditore o dei suoi familiari dell'impossibilità di proseguire attivamente la propria azione. In questo caso il passaggio avviene per "abbandono" della posizione con un conseguente difficile periodo di transizione legato anche al fatto che il passaggio di consegne è, non solo improvviso, ma anche non gestito. La seconda tipologia è, naturalmente, quella più traumatica che comporta l'uscita di scena del vertice aziendale per malattia o morte. In questo caso il trauma è contemporaneamente vissuto sia sul fronte familiare sia su quello aziendale così da rendersi ancora più complicato andando a toccare vari fronti contemporaneamente.

La successione programmata e pianificata già in anticipo rispetto al momento dell'inserimento e della "investitura" è quella che si riscontra con meno frequenza sebbene sia quella più razionale e che offre maggiori garanzie di successo. In questo caso l'autore afferma si possano realizzare due differenti percorsi di successione:

«– *il subentro graduale, che consiste nell'avviare una serie di attività propedeutiche all'occupazione di posizioni di governo come, per esempio, la formazione dell'individuo, l'inserimento in azienda, ecc., al fine di favorire la conoscenza e l'accettazione dell'individuo stesso da parte della struttura organizzativa già esistente;*

– l'affiancamento, ovvero la compresenza, per un certo periodo di tempo, dell'imprenditore e del successore al vertice dell'organizzazione, al fine di rendere il processo di successione quanto meno traumatico possibile».

Mastrobernardino analizza nel dettaglio le 4 tipologie di successione arrivando a descriverne sinteticamente le peculiarità nella tavola che segue.

Tav. 5 – Peculiarità caratterizzanti delle diverse forme di successione in impresa (fonte: Mastroberardino)

Profili e caratteristiche	Successione elusa	Successione rimandata	Successione programmata	Successione istantanea
Modalità di lavoro	Accentramento del potere	Delega del potere	Delega del potere	Accentramento del potere
Orientamento temporale	di breve periodo	di breve periodo	di medio/lungo periodo	di lungo periodo
Finalità imprenditoriali	Individuali	Individuali/ Collettive	Collettive	Individuali
Spinta innovativa	Bassa	Bassa	Alta	Alta

La tipologia di "successione" che appare più coerente con la visione di lungo periodo della vita aziendale è, ovviamente, quella che viene definita "programmata".

L'elemento rafforzativo di questo processo successorio è legato alla capacità di rafforzarne gli elementi portanti (la visione di medio lungo periodo con l'apertura al cambiamento) con la propensione al coinvolgimento di più figure interne o esterne al ramo familiare che esprime pro tempore il vertice aziendale anche esercitando in modo adeguato le potenzialità derivabili dall'utilizzo dei poteri di delega.

Il passaggio generazionale così può essere visto come un processo che si articola nel tempo attraverso le diverse fasi interdipendenti che assumono forma e connotati diversi in funzione della specifica azienda. Queste fasi finiscono con il seguire il filo rosso che determina, alla fine, gran parte delle possibilità di successo del percorso attivato. Il legame che permette di collegare tutti questi momenti passa attraverso una costante tensione al coinvolgimento reciproco tra "generazioni".

La linfa vitale viene assicurata al processo di coinvolgimento dal rispetto sia delle idee sia degli approcci che i rappresentanti di generazioni diverse possono "mettere in campo", affiancandosi nella guida dell'azienda. Naturalmente, come già scritto, vi è una fase propedeutica all'avvio del processo di "coinvolgimento" ed è quella nella quale è strategicamente necessario decidere se mantenere in capo alla famiglia la gestione dell'azienda ovvero cederla a terzi. Come già scritto nulla assicura la tramandabilità delle attitudini imprenditoriali di padre in figlio/figlia e nemmeno la predisposizione o l'interesse delle seconde o successive generazioni ad impegnarsi in percorsi caratterizzati da impegni di natura imprenditoriale.

Il coinvolgimento deve essere realizzato coerentemente con quelli che sono i principi guida dell'impresa, ma anche con le aspettative delle persone coinvolte. Allo stesso tempo i tempi e i modi di assunzione di responsabilità, oltre che programmati e verificati sul campo, devono essere adeguatamente riferiti alle fasi di vita dell'impresa, alle sfide che si trova a dovere affrontare e ai rischi che si devono correre.

Anche nel caso di un approccio razionale e programmato alla fase successoria non va comunque dimenticato quanto il passaggio debba fare i conti con il classico problema delle "tre teste" che fanno capo ai membri delle famiglie inseriti in azienda che possono trovarsi contemporaneamente nella posizione di imprenditore a cui sono delegate le "spinte" di sviluppo e di consolidamento dell'impresa, di socio che attende adeguate risposte patrimoniali e reddituali dal proprio investimento e di manager che opera professionalmente all'interno dell'azienda dando sfogo alle proprie competenze e misurandosi quotidianamente con le situazioni che il lavoro e il mercato generano nei propri ambiti di riferimento. Anche in questo caso il ricorrere a percorsi indirizzati e programmati che possano permettere alle singole persone di condividere obiettivi, strategie, mezzi e valutazioni, aiuta chi si trova nelle condizioni sopracitate a renderle tra loro compatibili individuando soluzioni di equilibrio in grado di assecondare non solo il percorso di adeguamento dell'impresa alle necessità che il contesto richiede, ma anche l'assunzione di responsabilità di ruolo in chi è destinato a raccogliere l'eredità imprenditoriale.

Riprendendo lo schema logico che porta all'idea della programmazione della continuità aziendale attraverso l'avvio di un processo sostenuto dalle spinte al coinvolgimento generazionale, risulta importante sottolineare come il percorso debba svilupparsi nel tempo avendo attenzione alle tipologie delle aziende, alle fasi di vita in cui le imprese si trovano ad operare, alla complessità delle attività interne ed esterne che vengono presidiate e al livello di managerializzazione presente ed operativo in azienda.

Il coinvolgimento, quindi, passa attraverso esperienze, prese in carico di responsabilità e condivisione degli indirizzi da realizzare, spesso a sostegno delle diverse fasi può tornare utile affiancare ai membri della famiglia anche terzi soggetti (che possono essere manager ma anche professionisti esterni) che svolgano il ruolo di facilitatori (anche, ma non solo, tra le diverse generazioni) se non, addirittura, sostengano un'azione maieutica orientata ad entrambe le categorie di imprenditori coinvolti. In questa fase appare evidente il ruolo che può essere sostenuto da percorsi formativi sia meramente manageriali sia di tipo esperienziale (permettendo a chi sta seguendo un iter di apprendimento attraverso il "fare", anche di potersi confrontare con altre esperienze e realtà aziendali).

Copan ha attraversato nei suoi primi quarant'anni due fasi di "passaggio generazionale" entrambe apparentemente caratterizzate da un brusco abbandono del vertice ma, evidentemente con caratteristiche e modalità assai diverse soprattutto per quanto concerne quella repentina e dolorosa che ha riguardato Daniele.

Le similitudini in realtà sono solo apparenti, nel passaggio che ha visto l'affiancamento del Sig. Triva, un programma, anche se non formalizzato è stato seguito, entrambi i figli hanno avuto modo "di farsi le ossa" attraverso esperienze in azienda avendo chiaro sin dai primi passi all'interno dell'impresa dove avrebbero portato le esperienze e a chi sarebbe toccato di prendere in mano il timone. Apparentemente non è andata così per quanto riguarda il drammatico passaggio di consegne del 2014. Non vi era in atto quel genere di programma ovviamente. Però anche in questo caso si stava vivendo una fase di riorientamento dei ruoli e delle responsabilità che, in prima battuta, vedeva il vertice aziendale impegnato a seguire percorsi che portassero ad una maggiore delega tra il vertice e la prima linea mentre era sempre stato chiaro quanto la governance fosse concretamente condivisa (come previsto inizialmente) dai fratelli.

Vi è però un aspetto che ha accompagnato entrambe le esperienze nella loro diversità. In Copan il concetto di coinvolgimento, addirittura a tutto tondo, fa parte del DNA aziendale. Dall'inizio della vita aziendale il Sig. Triva ha caratterizzato il proprio operare da un continuo confronto con chi gli stava vicino o riusciva a coinvolgere, lo stesso è avvenuto poi sia per Daniele sia per Stefania. Coinvolgere non è una scelta per Copan, è nella natura delle cose. Questo ha permesso prima di "inglobare" i giovani figli del Sig. Triva, poi di ritrovare l'azienda intorno a Stefania e al nipote Giorgio nel momento più difficile di una imprevista sfida imprenditoriale. Il guanto raccolto da Stefania, con a fianco il nipote Giorgio, ha potuto essere rilanciato perché ognuna delle parole dette in assemblea generale alla riapertura dopo le ferie era, non solo comprensibile, ma anche chiara negli effetti e nella possibilità concreta di realizzare le azioni che si andavano descrivendo e prospettando. La cultura del coinvolgimento, quindi, non solo sostiene i processi e i programmi orientati a garantire continuità aziendale ma agevola "naturalmente" l'avvio e il sostegno operativo di ogni azione che richieda visione, impegno, responsabilizzazione e innovazione.

3. SKY IS THE LIMIT

Dal 2014 fino a oggi

Diventiamo grandi grazie ai sogni.
Woodrow Wilson

3.1. La sfida

> Solo il dolore fa crescere, ma il dolore va preso di petto, chi svincola o si compiange è destinato a perdere.
>
> *Susanna Tamaro*

Un anno prima del fatidico dicembre 2013, Daniele fece la conoscenza di Mario Mazzoleni, professore presso l'Università di Brescia, nonché consulente ed advisor strategico per diverse aziende e per molto tempo, in passato, direttore dell'MBA alla Bocconi.

Mario venne coinvolto in Copan da Daniele affinché potesse aiutarlo a valutare come sostenere la fase di crescita che l'azienda aveva intrapreso, portando avanti anche il credo del Benessere Organizzativo aziendale che accumunava entrambi. Daniele e Mario avevano assimilato molti dei princìpi che caratterizzano le economie giapponesi essendo, per altro, buoni conoscitori di quel paese e della filosofia imprenditoriale che ne ha caratterizzato il vorticoso sviluppo. Nel contempo, anche per "giustificare" la presenza di una nuova figura nella famiglia di Copan, Daniele gli affidò l'incarico di raccontare in un libro, questo libro, la storia aziendale.

Mario dovette ben presto accantonare il progetto del libro sulla storia di Copan al fine di impegnarsi su un nuovo sentiero o meglio, una sfida.

Dopo la morte di Daniele, molti accusarono il colpo, ma era chiaro che la vera prova non sarebbe stato mantenere Copan come l'aveva lasciata il suo capitano, il nuovo impegno era farla maturare ulteriormente. Mario, tra luglio e settembre 2013, si era già posto degli obiettivi: riuscire a trasmettere un metodo efficace per il coordinamento del flusso operativo tra i vari settori, e mostrare il reale significato del ruolo di "Senior Manager" in Copan, chiarendo responsabilità e rafforzando inizialmente la leadership delle "prime linee".

Completava la cerchia dei traguardi da raggiungere anche la condivisione dei punti sostanziali di uno stile gestionale volto al perseguimento continuo del Benessere Organizzativo, rafforzandone i valori, i principi e i comportamenti che influiscono le relazioni tra i membri del gruppo dei collaboratori, considerando tutti questi aspetti espressioni centrali della mission d'impresa.

Fu subito definito da Mario il lavoro comune da svolgere per il raggiungimento di quanto proposto, chiarendo le priorità, che erano: imparare a utilizzare la delega come strumento di gestione delle persone e delle attività, condividere le problematiche dei diversi settori col fine di individuare l'opzione migliore per trovare soluzioni efficaci, infine determinare strategie di comunicazione funzionali per svolgere le attività e per condividere le informazioni e le conoscenze tra i vari responsabili.

Questi stessi progetti, nati prima della perdita di Daniele, Mario li ripropose e li ribadì, dopo il fatidico luglio 2014, con ulteriore forza e impegno.

La prematura dipartita di Daniele aveva tracciato nel cuore della sua gente un segno profondo; da allora tutti percepirono lo scorrere del tempo come un "prima quando c'era Daniele" e "dopo". È altresì impossibile affermare quanto potesse – o possa ancora oggi – essere difficile riuscire ad affrontare tutto ciò. In primis era sicuramente difficile accettarlo: Mario aveva mostrato alcuni aspetti di una Copan che neppure i suoi dipendenti avvertivano come rilevanti, come la necessità di imparare a delegare. Prima, tutto passava da Daniele, le responsabilità erano condivise, ma difficilmente lasciate in totale e completa gestione autonoma di chi le doveva gestire. Ora che Copan aveva perso il suo capitano, non era soltanto ferita, era smarrita. Si sarebbero anche potuti tirare i remi in barca e navigare in altre acque, o sotto altre vele. Invece Stefania Triva fu la prima ad accettare la sfida.

Una forza che le parole non potrebbero raccontare, smosse Stefania. Aveva perso padre e fratello a causa dello stesso male e si era ritrovata tra le mani la responsabilità di scegliere cosa fare di questa azienda, sofferente tanto quanto lei. Sino a quel momento, Stefania non aveva preso mai in considerazione di prendere il timone di quella nave, riconoscendo il talento di Daniele nel guidare gli altri. Ma Stefania non era semplicemente rimasta nell'ombra del fratello, era stata al suo fianco, con la consapevolezza di potere affrontare la nuova, imprevista e traumatica sfida facendo leva sulle sue capacità e competenze.

La sua prima azione, a fine agosto 2014, fu di indire una riunione di emergenza, convocando vicino a sé ciò che lei definì "il cerchio magico", un gruppo di dipendenti storici, selezionati da Stefania, che sapeva avrebbero potuto sostenerla nel seguire insieme la nuova rotta.

A fare parte di questo gruppo furono: Santina Castriciano, Massimo Ceresoli, Valeria Uberti Foppa, Lorenzo Fumagalli, Ladislao Mattiuzzo, Claudio Morzenti, Roberto Paroni, Lucia Piccinelli, Alberta Roversi, Mario Savarese, Alessia Tomasi, Pierangelo Valzelli, Elisabetta Zanella ed Emanuela Zappa.

La spalla su cui Stefania poté trovare, però, grande appoggio, fu quella di Giorgio Triva, il primogenito di Daniele. La sfida sarebbe stata certamente molto più difficile da vincere senza il sostegno di Giorgio. Fu, anzi, lui il primo a condividerla, mettendo letteralmente da parte la sua vita, dato che sospese anche di frequentare l'ultimo anno universitario per il conseguimento della laurea magistrale nel momento in cui venne a mancare suo padre, al fine di supportare, con tutto sé stesso, la zia e l'azienda. Entrò in modo umile in Copan, come tutti i Triva, dando piena disponibilità a sua zia. Va a lui il merito di avere fornito un aiuto nel gestire decisioni e tecniche da approcciare, nell'affrontare le responsabilità e nel condividere la predisposizione di strategie aziendali da adottare. Stefania e Giorgio, comunque, per verificare la propria capacità di mantenere la nave sulla rotta tracciata, da quel momento si diedero un limite di tempo di due anni per vedere se, davvero, Copan sarebbe potuta andare avanti secondo le loro aspettative.

Fondamentale, anche in questo frangente in cui venne decisa la strada da intraprendere, fu il coinvolgimento di Mario Mazzoleni, ormai diventato componente della famiglia Copan a pieno titolo. Insieme a lui, vennero recuperati e formalizzati dapprima i valori, quelli che si iniziarono a definire "i pilastri" di Copan, che poi vennero condivisi con tutto il mondo aziendale insieme alle basi della filosofia che aveva sostenuto lo sviluppo di Copan. Questo passaggio venne ritenuto fondamentale per poter rinsaldare le fondamenta scosse dell'azienda, costruendoci sopra il proprio futuro.

Come detto, già nel 2013 Daniele aveva dato il via al progetto di Mario, con lo scopo di fare emergere in modo chiaro il profilo aziendale, ossia i valori di riferimento ai quali Copan faceva affidamento nella sua azione quotidiana, e di mettere tutti in condizione di condividerli attraverso un percorso di formazione che, oltre a fissarli in modo chiaro, li portasse ad essere metabolizzati da tutti. Ancora oggi i pilastri sono la base valoriale alla quale si fa riferimento anche se, naturalmente, vengono riletti e, soprattutto, adattati ai nuovi contesti e alle nuove sfide che l'impresa deve affrontare.

Sostanzialmente i capi saldi aziendali vengono riconosciuti in:

- soddisfazione del cliente;
- innovazione;
- crescita gestita;
- Benessere Organizzativo;
- indipendenza finanziaria;
- sostenibilità economica.

Avendo rinforzato la consapevolezza aziendale, Stefania poté così prendere sulle proprie spalle il nuovo ruolo di CEO dell'azienda.

Non aveva alcuna intenzione di cedere l'azienda, per questo decise che il suo messaggio arrivasse subito forte e chiaro, attraverso un'assemblea indetta alla riapertura dell'azienda dopo le ferie estive, i primi di Settembre 2014 in cui parteciparono tutti i dipendenti Copan, dove, seppur con una grande e non celata emozione, dichiarò: «Copan non è in vendita, siamo qua, io ci sono. Noi ci siamo».

In questa occasione vennero ribaditi i concetti ereditati dalla filosofia copaniana seguita fino a quegli anni, come il motto paterno del "fare insieme, tutto in casa" e del credo di Daniele del "volare alto". Vennero sottolineati aspetti fondamentali, volti a consolidare l'operato svolto, con il rafforzativo che veniva esplicitamente trasmesso di "fare ancora di più". Fu possibile farlo, mettendo in pratica anche i suggerimenti di Mario, tra cui spiccava il "fare insieme, in trasparenza". Il concetto a cui il nuovo entrato nella famiglia Copan si voleva particolarmente ricollegare, era però l'aumento delle responsabilità individuali incanalate verso obiettivi comuni.

3.1.1. Il management dell'ascolto e dell'inclusione[1]

La vita sceglie la musica, noi scegliamo come ballarla.
John Galsworthy

Ogni impresa ha caratteristiche e peculiarità differenti. Queste non dipendono solo dal settore in cui l'azienda opera, dal suo posizionamento sul mercato o dal tipo di prodotto venduto, ma sono legate, soprattutto, a quelle che sono definite le sue componenti soft[2], ossia i propri riferimenti culturali che devono essere tradotti in una mission, attraverso il coinvolgimento della risorsa imprescindibile per ogni impresa, ossia chi ogni giorno contribuisce al suo sviluppo, rendendola unica.

Il vantaggio competitivo è sempre collegato all'impresa in grado di valorizzare le sue peculiarità trasformandole in punti di forza. In questo modo si crea il giusto equilibrio tra ciò che l'azienda è e ciò che concretamente realizza: questo meccanismo genera identificazione e partecipazione permettendo all'impresa di sfruttare le leve interne come fonte di un vantaggio competitivo inimitabile.

Ma chi, all'interno dell'impresa è in grado di cogliere questi elementi differenzianti e trasformarli in punti di forza? E quali strumenti sono necessari affinché la cultura del coinvolgimento, dell'attenzione agli altri, diventino fattori critici di successo?

[1] Di Mario Mazzoleni.
Si riprendono e sviluppano argomenti già trattati in vari articoli tra i quali M. Mazzoleni, *Le nuove teorie manageriali: il Manager Partecipativo*, Cisalpino ed., Bologna, 1994 e M. Mazzoleni, *Riflessioni di impresa. Alla ricerca di nuovi paradigmi*, Giappichelli, Torino, 2013.
[2] M. Pezzoli (a cura) , *Soft Skill che generano valore-le competenze trasversali per l'industria 4.0*, Niuko Innovation&Knowledge FrancoAngeli, Milano, 2017.

Affinché un'impresa possa consolidare il proprio agire attraverso la realizzazione di modelli partecipativi ed in grado di sviluppare intensi livelli aggregativi, è fondamentale dare vita, e consolidare nel tempo, una cultura manageriale diffusa non solo, quindi, patrimonio di pochi posizionati ai vertici dell'azienda.

I manager sono le figure preposte alla gestione dell'azienda e su di loro convergono le responsabilità di realizzare le modalità attraverso le quali l'impresa deve essere guidata, organizzata e, sostanzialmente, valorizzata. Attraverso il management vengono definite le regole di comportamento ed il modello di collaborazione all'interno della società e si va a determinare il grado di affiliazione alla stessa dei collaboratori. Di conseguenza, il management incarna il ruolo ideale e necessario per fare emergere i valori dominanti dell'impresa e per trasformarli in fattori critici di successo della stessa. Il ruolo manageriale si trova, così, a dovere operare seguendo il "modello del circolo virtuoso della creazione di una cultura aziendale" laddove, rivestendo un ruolo di indirizzo strategico oltre che avendo responsabilità di natura gestionale, deve far emergere i valori dominanti, governarli ed indirizzarli verso comportamenti in grado di assicurare il successo dell'impresa.

Affinché questa sfida possa andare a buon fine, chi ricopre ruoli manageriali deve rappresentare il motore dell'innovazione, deve essere guida ma anche funzionare come integratore tra spinte diverse e, infine, deve essere orientato a ricoprire il ruolo dell'attore principale a supporto del processo partecipativo.

Lo stile di management che sposa meglio questo tipo di finalità, è quello che, sinteticamente, viene definito come "management partecipativo"[3]. La leadership partecipativa struttura la gestione degli atteggiamenti da mantenere in impresa e la comunicazione interna in funzione dei principi e dei valori di riferimento della stessa.

Adottare uno stile di management partecipativo implica diffondere una cultura dove chiunque operi non si ponga secondo modalità di tipo impositivo, dove, viceversa, tutti i soggetti coinvolti, a vario titolo, nell'esperienza aziendale si percepiscano da pari rispetto ai propri colleghi, in modo che tutti possano (debbano) partecipare al processo decisionale strategico e alla definizione delle linee guida di crescita e di gestione.

[3] Per un approfondimento sul tema della partecipazione aziendale si vedano tra gli altri M. Marchingtom, A. Wilkinson, P. Ackers, J. Goodman, *The influence of management Relations on Wave of Employee Involvement*, British Journal of Industrial Relations, n. 31 1993; M. Mazzoleni, *Management realizzato: Prasi e Teorie di un'azienda di successo*, FrancoAngeli, Milano, 2003; J. Hove, *Crowdsourcing. Il valore partecipativo come risorsa per il futuro del business*, Sossella, Roma 2010.

La "filosofia" manageriale di tipo partecipativo promuove la delega e sostiene i meccanismi partecipativi e di responsabilizzazione, rafforzando, allo stesso tempo, le spinte affinché tutti siano orientati ad assumersi le responsabilità delle azioni svolte e, anche, dei propri errori.

Assecondare un modello manageriale di tipo partecipativo significa sostenere la cultura organizzativa aziendale e promuoverla coerentemente attraverso atteggiamenti e comportamenti quotidiani. Attraverso lo stile partecipativo, si lavora per migliorare le relazioni tra i soggetti coinvolti nella vita aziendale, spingendo affinché ognuno possa "sentirsi parte" del progetto aziendale. Il coinvolgimento porta a dare valore alla creatività, e l'attiva presa in carico delle proprie responsabilità aiuta ad incrementare la produttività delle persone che lavorano per l'impresa generando un importante meccanismo di affiliazione e di appartenenza alla stessa. Il risultato di questo approccio è un ambiente organizzativo in cui prevalgono la fiducia e la collaborazione, dove si realizza, di fatto, l'ideale aziendale secondo cui l'impresa è la risultante dei contributi delle persone che all'interno della stessa operano e, infine, dove i processi di coinvolgimento e di responsabilizzazione migliorano l'efficienza organizzativa con le conseguenti ricadute sula produttività dell'impresa. Naturalmente, una sfida impegnativa per il vertice aziendale è non fare rimanere confinato questo modus operandi, nei comportamenti dei manager verso i propri collaboratori diretti, ma diffonderlo a tutti i livelli dell'impresa. Le componenti soft di un'impresa sono, ad oggi, l'unica fonte di un vero e duraturo valore aggiunto e, di conseguenza, concreta base sulla quale può generarsi il successo o l'insuccesso di un'azienda: una formula imprenditoriale vincente che ha come nucleo le proprie persone e la propria cultura organizzativa è impossibile da replicare o imitare e, di conseguenza, difficile da contrastare. In questo senso, le aziende che sviluppano processi partecipativi hanno una marcia in più, poiché sono in grado di valorizzare le proprie risorse umane.

In sintesi quali sono le leve sulle quali agire per garantire un percorso partecipativo in grado di realizzare gli effetti positivi connessi al coinvolgimento in impresa?[4] L'adozione di uno stile di direzione partecipativo può essere considerata funzione di tre dimensioni fondamentali[5]:

- la percezione da parte del management di una cultura aziendale partecipativa effettivamente condivisa dai diversi soggetti che operano all'interno dell'impresa. I dirigenti di aziende ove vi sia una spinta

[4] Il tema seguente riprende con minime variazioni quanto già esposto in M. Mazzoleni, *Le nuove teorie manageriali: il Manager Partecipativo*, op. cit.

[5] J.A. Parnell, E.D. Bell, R. Taylor, *The propensity for partecipative Management: a conceptual and empirical analysis*, The Mid-Atlantic Iournal of Business, marzo 1992.

verso logiche gestionali di tipo partecipativo sono fortemente influenzabili dalla percezione del livello di condivisione-accettazione della stessa. Malgrado ciò, solitamente, in presenza di una generalizzata propensione alla partecipazione, il rapporto tra management e resto della struttura aziendale permetterà di mantenere distinti i ruoli e finirà con il rinforzarli in funzione della valenza riconosciuta ai diversi attori come protagonisti di attività fortemente condivise[6]. Viceversa in presenza di culture organizzative propense a sistemi direzionali di tipo gerarchico-autocratico, i dirigenti saranno meno portati ad incoraggiare la partecipazione dei propri dipendenti anche perché una forte spinta alla stessa porterebbe i dirigenti a temere di vedere più riconosciuta la propria posizione di leader[7];

- la valutazione del management sul collegamento tra partecipazione e potere manageriale[8]. Laddove spesso si tende a ritenere come il coinvolgimento finisca con il ridurre lo "spazio di azione" del management che si trova in un certo senso "costretto" al dialogo partecipativo limitando, di fatto, il proprio potere. Viceversa laddove il ruolo manageriale è riconosciuto per via delle competenze e delle capacità "maieutiche" o di "coaching", la partecipazione finisce con il rinforzare il ruolo che viene rivestito dai responsabili organizzativi;
- la valutazione del management intorno al rapporto tra partecipazione e efficienza aziendale. In questo caso le aspettative del management sono collegate in prima battuta al grado di disponibilità alla partecipazione offerto dalle altre componenti del sistema aziendale e, quindi, dipende da quanto questo modello gestionale possa essere considerato

[6] J.A. Parnell, *Employee Participation in decision making: A survey of managerial Tendencies*, in Southwest Business Symposium Proceeding of the English Annual Meeting 1991.

[7] J.A. Parnell, E.D. Bell, R. Taylor, op. cit.

[8] Con riferimento a questo aspetto le ricerche empiriche portano a non dare risposte univoche, in quanto si sono registrate situazioni in cui il potere del management è andato declinando nettamente a seguito dell'introduzione di stili di direzione partecipativi (si veda a questo proposito M. Pollock e M.L. Colwill, *Partecipatory Decision Making in rewiew*, in Leadership and Organization Development Journal, n. 8, 1987) mentre altri studi sul campo mostrano differenti valutazioni sui risultati in termini di "potere" del management sottolineando piuttosto come si dimostri che questo aspetto della vita aziendale non si possa ridurre ad un gioco a "somma zero" né che il "potere" del management possa essere considerato come qualche cosa di "finito" tanto da portare ad affermare che, in conseguenza all'introduzione di stili di direzione partecipativi si sia soprattutto registrata una ridefinizione degli spazi di influenza dei lavoratori non a scapito del management (M.T. Wood, *Effects of decision Process and task Situations on influence Percepitions, in Organizational Behaviour and Human Performance*, n. 7, 1972 e J.E: Osborne, *Combatting an US vs them Mindset (partecipative management)*, in Supervisory Management, November, 1989; D. Tjosvold, *Dynamics within partecipation: an Experimental Investigation*, Group and Organization studies, n. 10 1985).

dai dipendenti come consono e funzionale al raggiungimento dei propri obiettivi istituzionali ed economici.

In definitiva, la rilevanza che assume l'investimento nella cultura partecipativa evidenzia come l'aspetto organizzativo possa essere definito secondario e strettamente legato a valutazioni sul potere residuo del management piuttosto che sull'effettiva validità "produttiva" del sistema stesso.

È, comunque, fondamentale sottolineare come il grado di partecipazione che appare più adeguato alle diverse situazioni sia legato a vari fattori tra di loro interrelati (il tipo di attività posta in essere, gli atteggiamenti e la cultura dominante all'interno dell'impresa, le esperienze passate del management, le loro competenze e la valutazione che questo dà delle competenze e delle capacità dei lavoratori) e che, quindi, non si possa definire un modello univoco da adottare nelle diverse realtà di impresa o in vari momenti nella vita della stessa. Sicuramente la partecipazione offre sostanziali opportunità per il soddisfacimento di alcuni bisogni soft dei dipendenti e può contribuire in modo determinante al realizzare interventi fortemente motivanti nei dipendenti. Allo stesso tempo il modello partecipativo permette di realizzare un a sorta di "indipendenza" di chi agisce nei confronti delle strutture gerarchiche e di controllo del proprio operare (in quanto legato a attività condivise e codecise), a condizione che ne sia ben delineato lo spazio di azione e l'ambito di manifestazione e che, conseguentemente, la filosofia del coinvolgimento non finisca per determinare una sorta di "cogestione di fatto" che finirebbe per accumulare in sé tutte le contraddizioni del modello direttivo autocratico e di quello partecipativo senza acquisire alcun vantaggio sostanziale per l'impresa e per i diversi attori in essa attivi.

In conclusione si possono rappresentare gli elementi che contribuiscono a rendere fattibile il processo di coinvolgimento dei diversi attori alla vita aziendale, facendo riferimento agli elementi che favoriscono e quelli che ostacolano il manifestarsi di questo sistema gestionale così come vengono presentati nella figura che segue (Tav. 6) che permette di richiamare gli aspetti definibili di "contesto" delle teorie manageriali che si rifanno alla partecipazione dei lavoratori e alla flessibilità delle organizzazioni e le possibili linee guida alle quali questa modalità direzionale tende a rifarsi.

Tav. 6 – Le condizioni per l'affermarsi di una cultura gestionale flessibile[9]

LE PREMESSE GUIDA
Coinvolgere tutti in tutto
Impiegare team autogestiti

Adottare i cinque supporti	Eliminare i tre inibitori
1. Ascoltare/celebrare/assegnare riconoscimenti	1. Semplificare/ridurre struttura
2. Dedicare tutto il tempo necessario alla selezione	2. Ridefinire il ruolo dei quadri intermedi
3. Addestrare e riaddestrare	3. Eliminare le norme burocratiche e le condizioni umilianti
4. Fornire incentivi economici a tutti	
5. Garantire il posto di lavoro	

La figura nella sua manifestazione didascalica permette di richiamare gli elementi fondanti di un sistema "partecipativo", legati alla capacità di rendere fortemente coinvolgente e condivisa la linea strategica, alla disponibilità nel mantenere alto il livello di investimento e di attenzione rivolto alle risorse umane e al manifestarsi dei bisogni delle stesse, e, infine, all'intervento semplificatore nei confronti della struttura organizzativa e dei sistemi di responsabilizzazione formale. Sono questi gli elementi di base ai quali non può rinunciare un'impresa che intenda avviare un modello aziendale partecipativo e coinvolgente, fronti da presidiare costantemente e con grande coerenza da parte del management aziendale nel momento in cui voglia adottare un sistema direttivo coinvolgente e orientato alla partecipazione oltre che alla trasparenza gestionale.

I figli di Copan scelsero di restare a bordo, remando ancora più forte. Anche a loro spettò il compito di affrontare la sfida, accettando il cambiamento. Adesso si trovavano in mezzo a un percorso già avviato, ma Stefania li avrebbe guidati, condividendo con loro la responsabilità manageriale.

Alla fine del 2014 venne erogato un ulteriore premio di fine anno, chiamato "premio grazie", come gesto simbolico da parte di Stefania nel riconoscere gli sforzi fatti da tutti in quella fase così difficile di "ripartenza". Intanto, l'azienda stava crescendo, diventando un posto affollato anche da tanti "non storici": nuove figure, giovani e meno giovani, nuovi figli, che palesavano verso quale direzione Copan si stesse già dirigendo, l'unica in cui era sempre stata rivolta: il futuro.

Con la forza che Stefania aveva messo in campo, riuscì a raggiungere alcuni traguardi non inaspettati, ma comunque straordinari. Ad esempio le trattative

[9] T. Peters, *Al di là dell'eccellenza. Venti tesi sul servizio*, FrancoAngeli, Milano, 1991.

cominciate anni prima e durate a lungo col colosso francese, BioMérieux, si conclusero tra dicembre 2014 e gennaio 2015, con un accordo a lungo termine.

Il grande contratto con BioMérieux, titano francese specialista mondiale della diagnostica in vitro, venne siglato circa sei mesi dopo la scomparsa di Daniele. Fu un passaggio fondamentale, non solo perché il colosso scelse finalmente di collaborare con Copan, dopo svariati anni di corteggiamento, ma perché lo fece in un momento di transizione storica e quindi, potenzialmente, di fragilità.

Questo accordo prevedeva che la combinazione delle strumentazioni di laboratorio dei due partner avrebbe condotto a soluzioni altamente integrate per i clienti nell'ambito dell'analisi microbiologica. Furono così coperti i processi manuali di semina e incubazione grazie alla WASP® e alla WASPLab®, inclusa la realizzazione di analisi dell'immagine digitale, che riduceva il tempo necessario per identificare la crescita batterica. Contestualmente, i sistemi di BioMérieux, quali BacT/ALERT® e VIRTUO® per l'emocultura, VITEK® 2 per i test automatici di sensibilità agli antibiotici e VITEK® MS per l'identificazione batterica, concludevano il processo di analisi del laboratorio di batteriologia. Da gennaio 2015 questa partnership portò a definire e raggiungere traguardi importanti, quali l'essere selezionati per l'automazione del laboratorio batteriologico dell'Istituto per gli agenti infettivi di Lione. BioMéreux distribuì, inoltre, le piattaforme WASP® e WASPLab® in Francia, Germania e nel Regno Unito, mentre, già alla fine del 2015, BioMéreux acquistò i diritti di distribuzione in altri paesi europei, come Irlanda e Austria, nella maggior parte dei paesi dell'Asia-Pacifi-

Visita per contratto BioMèrieux, Dicembre 2014

co – Cina, Giappone, Australia – e nei laboratori di riferimento degli Stati Uniti. A gennaio 2016, poi, l'accordo di distribuzione tu esteso a Messico, Cile, Colombia e Brasile.

Questo conferma che tutte le incertezze e le riflessioni, tutte le lacrime e i malumori che furono riversati dentro l'azienda, non impedirono ai figli di Copan di "fare di più". Sarebbe sbagliato e inopportuno dare per scontato questo aspetto: Copan, da naufraga, era ritornata a solcare i mari del successo, più forte che mai.

Nella Fig. 8 – *Panoramica aziendale – passaggio dal 2014 al 2015*, viene rappresentato chiaramente il traguardo raggiunto. In un solo anno cresce esponenzialmente nel fatturato, nella produzione e nel numero del personale.

La sfida sembrava una parola, come tante: non era qualcosa di concreto, ricopriva valori molteplici, veniva declinata dalla semplice raccolta di carte lasciate per terra fino alla capacità di mettersi in discussione. La sfida che il destino aveva lanciato, venne accettata e vinta da Stefania Triva.

Fig. 8 – Panoramica aziendale – passaggio dal 2014 al 2015

Area	*Situazione*
Fatturato	> 100 milioni di Euro
Prodotti	> 200
Luogo	Brescia (zona industriale)
Dipendenti	> 300
Mercato principale	UK - USA - Europa - Giappone Cina

3.2. Multinazionale tascabile

La vita sceglie la musica, noi scegliamo come ballarla.

John Galsworthy

Un ossimoro: la multinazionale, un gigante mosso da tante persone che ne pompano il sangue, ne smuovono le articolazioni e ne attivano il cervello, si può rendere tascabile? Ma tascabile in che senso?

La Copan dei giorni nostri ha ormai i numeri e la struttura organizzativa per poter essere ufficialmente chiamata multinazionale, ma Stefania ama definirla anche tascabile, nel senso che rimane "alla portata di mano".

Copan è ancora una famiglia, soltanto enormemente cresciuta, numerosa.

Ma come si è riusciti a farla diventare una multinazionale tascabile?

Dopo aver accolto la sfida lanciata nel 2014, una delle prime scelte fatte per continuare a innovarsi fu quella di sfruttare il laboratorio di microbiologia e il centro "Futura".

L'azienda non si fermò, così come non si ferma il progresso: nei laboratori WASP® gli sforzi vennero moltiplicati, investendo su giovani leve e nuovi orizzonti, grazie al numero di dipendenti triplicato. Uno fra i progetti portati avanti, fu lo sviluppo e la realizzazione del sistema Colibrì® , che vede tra i suoi "genitori" Arnalda Giambra, una delle punte di diamante storiche e provenienti dal "vivaio" dei laboratori di Copan.

La Colibrì® fu il tassello che mancava per chiudere il progetto del laboratorio automatizzato, in quanto, ricevendo il campione già seminato e identificato dalla WASPLab®, gestisce automaticamente le ulteriori fasi di preparazione del campione per le fasi diagnostiche a valle nel processo diagnostico. Coprendo tutti i processi per l'identificazione dello spettrometro di massa, la Colibrì® fornisce gli strumenti per la preparazione delle piastre e la sospensione microbica per il test AST (test di sensibilità antimicrobica). Inoltre, Colibrì® trasferisce le informazioni del campione ad altri dispositivi, consentendo la tracciabilità del processo di identificazione e resistenza antibiotica.

Dopo il successo riscosso dalle WASP®, si pensò di investire nelle macchine automatizzate anche nel settore forense. Nel 2014, era nata una collaborazione con una multinazionale[10] specializzata in macchinari per la creazione di database dei profili genetici. Ipotizzando di utilizzare un altro

[10] Per motivi di confidenzialità, non è possibile citare il nome dell'azienda.

prodotto Copan, le COPAN NUCLEIC-CARD, dischetti cartacei per la conservazione e processamento dei campioni del DNA, si ragionò di realizzare una sorta di "Wasp" che campionasse automaticamente le card sopracitate, dando così la possibilità di coniugare la commercializzazione dei due prodotti. Con questa idea venne creata la CPA 200, che, tuttavia, a causa delle fonti pressioni da parte della multinazionale per non rimandare il debutto, fu consegnata imperfetta.

In questo frangente, subentrò nel progetto Giorgio Triva, che investì circa 8 mesi del proprio tempo con le sei persone che formavano il team di progettazione per trovare una soluzione, permettendo di risolvere il problema delle CPA 200 e ragionare anche su possibili sbocchi. Così venne consolidata, nel 2015, la nuova area di Copan, la "NewLab Engineering": il primo nuovo progetto con sui si diede il via a "NewLab", coinvolse l'industria alimentare francese, Danone®. Per loro fu progettata a novembre 2016 e installata a luglio del 2017 la macchina Milkyway®, ora conosciuta come Cyclone®: a seguito dell'analisi sugli sbocchi di mercato, questi strumenti completamente automatizzati per il controllo della contaminazione microbiologica in ambito industriale, trovarono il loro spazio in diversi settori, dall'alimentare, al farmaceutico e cosmetico.

Il concetto alla base della nascita di "NewLab" fu di renderla una "palestra" aziendale per fare formazione, in quanto già agli inizi si volevano realizzare macchinari innovativi, ma anche sperimentare nuovi sistemi gestionali aziendali. Con il settore Wasp consolidato, l'apertura di un nuovo ramo aziendale, era un rischio controllato, ma si può affermare, oggi, che NewLab sia diventata a tutti gli effetti un "nuovo" cuore pulsante all'interno del centro Futura di Copan.

Nel 2019 l'azienda compie quarant'anni, la sua crescita è esponenziale; ciononostante riesce, nel suo essere multinazionale, ad avere una dimensione "tascabile", appunto, un'anima ancora "intima" e familiare. Copan ha un'eredità da tramandare, come quella tra padre e figlio. È una sfida continua, gestita da un numero di persone maggiore rispetto a prima. Per migliorare il sistema organizzativo, in Copan vengono svolti seminari, percorsi di team-building, meeting appositi per comprendere le necessità dei reparti e per riorientare le attività produttive e gestionali. Stefania delega alcune scelte manageriali a figure con esperienza in Copan, che l'affiancano, giorno dopo giorno, nell'obiettivo di rendere l'azienda ancora più performante. Non si poteva e non si può pensare di accentrare tutte le scelte strategiche in una sola persona: Stefania non può essere responsabile di Copan da sola. Copan ha bisogno che le responsabilità siano distribuite in modo diffuso per sostenere la maggiore complessità che si è andata generando.

3.2.1. Le multinazionali tascabili[11]

> Comunque, è sempre infinitamente più difficile essere semplici che essere complicati.
>
> *Giovannino Guareschi*

Il riferimento alle multinazionali tascabili è ormai diventato di comune utilizzo negli ultimi anni. In generale quando si fa riferimento a questo genere di imprese, ci si collega all'evoluzione in atto, nel nostro modello imprenditoriale, tra le imprese di origine familiare che a poco a poco si sviluppano da piccole realtà produttive in aziende in grado di raggiungere medie dimensioni, lavorando su scala internazionale organizzandosi però come le multinazionali più grandi e più famose.

La capostipite di queste multinazionali è la Merloni (oggi Indesit Group[12]) per la quale Vittorio Merloni per la prima volta coniò la definizione di "multinazionale tascabile" all'inizio degli anni Novanta.

Tra i brand più noti che possono essere inseriti in questa categoria di imprese possiamo ricordare l'evoluzione di Luxottica[13], Pininfarina[14], Brembo[15], Tod's[16], Geox[17] e, nella provincia bresciana OMR[18], Gefran[19], Sabaf[20], Streparava[21], Feralpi[22] e molte altre (tra le quali certamente anche Copan). Molte di queste aziende, nel tempo, hanno assunto dimensioni importanti sia come volume di fatturato, sia come numero di dipendenti acquisendo un ruolo sempre più rilevante nei mercati internazionali per i settori in cui competono e sono entrate nell'establishment del capitalismo italiano a fianco di grandi imprese storicamente presenti nel nostro Paese.

La capacità di svilupparsi attraverso operazioni di mercato e di crescita attraverso un nuovo modo di presidiare i mercati fa sì che oggi si possa ritenere importante, per il sistema economico italiano, sostenere con attenzione

[11] Di Mario Mazzoleni.
[12] https://www.indesit.it.
[13] http://www.luxottica.com.
[14] https://pininfarina.it.
[15] http://www.brembo.com.
[16] https://www.tods.com.
[17] https://www.geox.com.
[18] http://www.omrautomotive.com.
[19] https://www.gefran.com.
[20] http://www.sabaf.it.
[21] https://www.streparava.com.
[22] http://www.feralpigroup.com.

queste tipologie di aziende proprio perché hanno dimostrato capacità di raggiungere importati risultati seguendo percorsi innovativi e di successo.

Come possiamo definire quindi le multinazionali tascabili?

Possiamo sinteticamente affermare che le imprese inseribili in questa nuova "categoria" presentano:

1) leadership competitiva, in settori ad alto valore aggiunto;
2) governance, che nasce attraverso l'evoluzione di quella prettamente familiare per poi essere sostenuta, spesso, attraverso la presenza di private equity non disdegnando poi l'approdo nelle diverse aree di quotazione borsistica;
3) presenza sui mercati internazionali sia direttamente con investimenti produttivi diretti, sia in Joint con altre realtà locali;
4) attenzione al rispetto delle caratteristiche dei singoli mercati attraverso un approccio "glocale"[23] che permette loro di sostenere progetti guidati da indirizzi globali che si muovono secondo linee guida locali;
5) focalizzazione sul proprio core business ma in grado di recepire velocemente ed efficacemente l'innovazione sia in termini di prodotto, sia in relazione ai processi produttivi;
6) scarsa resistenza al cambiamento e predisposizione "naturale" all'introduzione di logiche e strumenti innovativi (a partire dall'automazione fino ad arrivare alle spinte evolutive associate alla cosiddetta industria 4.0);
7) apertura a collaborazioni in tutto la filiera dei processi aziendali ossia dalla ricerca e sviluppo fino ad arrivare alla commercializzazione e ai rapporti post vendita;
8) disponibilità alla partecipazione e all'investimento in "reti" sia formali sia informali e a sostenere i conseguenti investimenti anche relazionali;
9) orientamento all'integrazione culturale e ad investire per rendere compatibili le diverse culture aziendali;

[23] Si definisce *glocalizzazione* «dicotomia che fa emergere una nuova dimensione in cui globalizzazione e localizzazione si fondono in un insieme complesso dove le due parti non si escludono ma si integrano e completano in quanto il locale costituisce più di una parte del globale». M. Featherstone, S. Lash, R. Robertson, *Global Modernities*, Journal of International Communication, Routlegde Grouop, 1994. Il termine fa riferimento al termine giapponese *Dochakuka* che tradotto significa "vivere sulla propria terra" e che enfatizza la necessità di trarre alimento nelle proprie azioni attraverso radici solidamente ancorate alla propria terra.

10) relativa autonomia delle "filiali" dalla casa madre con conseguente condivisione di linee guida comuni e discreta libertà nella gestione day by day delle unità nazionali;
11) orientamento alla presa di decisioni in tempi rapidi (con accettazione "culturale" di eventuali errori);
12) distinzione dei ruoli dell'imprenditore e dei manager, ma con alta interazione e capacità di lavoro comune.

Per concludere un aspetto che contraddistingue queste imprese è che, molto spesso, il loro successo deriva dall'essere strategicamente focalizzate e specializzate in uno stretto segmento di mercato che riescono poi ad ampliare proprio a seguito della grande apertura all'innovazione.

In Copan lavorano oggi più di seicento dipendenti. Seicento famiglie dipendono da lei e uno tra i valori fondanti, tramandato dal Sig. Triva ed ereditato da Daniele e da Stefania, è di realizzare "il posto di lavoro fisso"; questa è una scelta che Stefania ha appoggiato sin da subito e che continua a sostenere risolutamente ancora adesso. Quindi la responsabilità verso i dipendenti e le loro famiglie, è un impegno esorbitante.

Tra le persone che aiutano quotidianamente Stefania, si confermano i famosi dipendenti facenti parte del "cerchio magico"[24], al quale si sono aggiunte nuove figure emerse negli ultimi anni.

Alcuni lavoravano già in Copan e hanno maturato una nuova posizione lavorativa, come Matteo Loda e Nicola Arrighi, altri, invece, vennero assunti dalla fine del 2013, ritagliandosi rapidamente uno spazio rilevante, come avvenne per Maurizio Zandara o Stefano Bonazzi. Nel momento in cui vennero assunti, c'era bisogno di un gruppo solido, multitasking ed eterogeneo all'interno di Futura. Malgrado dovessero lavorare in una realtà tascabile, il team doveva saper seguire il ritmo della multinazionale, rimanendo "a portata di mano", ovvero organizzarsi tenendo conto della comunicazione trasparente, immediata ed efficace, valorizzando il lavoro del singolo per un risultato comune.

Chi aveva "tra le mani" la responsabilità di tenere questo gruppo perennemente in contatto, era Stefano Bonazzi, grande amico di Daniele, entrato in azienda dopo luglio 2014. Ritrovatosi a settembre di quell'anno con un intero sistema gestionale che andava ripensato e ricalibrato alla luce dell'enorme crescita di Copan, ha dedicato molto del suo lavoro a fare sì che

[24] Vedasi "il cerchio magico": Santina Castriciano, Massimo Ceresoli, Valeria Uberti Foppa, Lorenzo Fumagalli, Ladislao Mattiuzzo, Claudio Morzenti, Roberto Paroni, Lucia Piccinelli, Alberta Roversi, Mario Savarese, Alessia Tomasi, Pierangelo Valzelli, Elisabetta Zanella ed Emanuela Zappa.

oggi tutto il sistema informativo e l'IT di Copan, che dipendono da lui e dal suo team, siano un supporto efficace all'attività aziendale.

Matteo Loda, invece, entrò a lavorare in azienda nel 2008, con una storia particolare alle spalle: operando precedentemente per un'impresa esterna, un giorno fu contattato per riparare un distributore automatico in Copan. Daniele lo vide all'opera e, colpito dal suo modo di lavorare, "come in una favola", gli propose l'assunzione. Matteo lavorò all'assistenza tecnica per i macchinari Wasp e questa esperienza lo ha condotto nel corso degli anni, al ruolo di responsabile dello stabilimento produttivo delle automazioni.

Attualmente lavora in sinergia con Mario Savarese e il team coordinato da quest'ultimo, che è cresciuto da una ventina di persone alle ben oltre centro del 2018.

Per tutte le aziende del gruppo Copan, nel corso degli anni sono state fondamentali le nuove assunzioni di profili lavorativi, da inserire, in grado di gestire la complessità delle svariate mansioni richieste, ma fu altrettanto necessario che altri collaboratori offrissero il loro contributo, impiegando – ed evolvendo – le conoscenze acquisite, come fu per Alessia Tomasi e Giorgio Martello, rispettivamente nell'ambito della Qualità e della Progettazione dei dispositivi medici.

Contratto Shin Corporation, Brescia, 2017

Questo genere di collaborazioni tra competenze, indispensabile in una multinazionale, fu alla base della "tascabilità" di Copan: così come è stato per gli inizi aziendali, in cui tutti davano una mano per tutto, ancora adesso la flessibilità e la capacità di adattamento, sono caratteristiche che le permettono di sostenere la dimensione di un'azienda alla "portata di mano" dei suoi dipendenti.

Chi attraverso Copan finì per cambiare persino "casa", trasferendosi all'estero, è Nicola Arrighi. Nicola, dopo una lunga esperienza nel commerciale soprattutto nell'area dall'Est Europa fino all'Asia, avanzò l'idea di aprire una sede di Copan in Giappone.

La sua proposta nasceva a fronte delle sue competenze ed esperienze nei mercati esteri, che lo portarono a individuare le aree geografiche di sviluppo per le sei entità del gruppo Copan esistenti nel 2016: Copan Italia, Copan Flock Technologies, Copan NewLab Engineering, Copan Wasp, Copan Diagnostics e Copan Innovation Shanghai Limited.

Tra le operazioni societarie degli ultimi anni si segnala anche la joint venture con la Shin Corporation, importantissimo cliente giapponese che permise a Copan, nel corso della lunga collaborazione, di coprire il 90% del mercato nipponico della collection mediante tamponi floccati. Spinto dal traguardo importante già raggiunto con il partner del Sol Levante e con l'intento di investire in ulteriori settori di pertinenza, Nicola propose l'idea di gestire direttamente la sede in Giappone, continuando l'inserimento nel mercato giapponese dei prodotti aziendali con particolare focalizzazione sulla c.d. Liquid Based Microbiology.

Pare opportuno citare la sede cinese, il cui merito per la gestione del personale e la realizzazione degli impianti di produzione, va dato a Ladislao Mattiuzzo: partendo da Copan Diagnostics, nel 2012, Ladislao gestì progressivamente la razionalizzazione dei poli produttivi, competenze che gli permisero di rientrare nella "tascabilità" caratteristica dell'azienda e motiveranno la scelta di Stefania di fargli

Contratto per la nuova sede a Puerto Rico,
Puerto Rico, 2018

realizzare, successivamente, anche il nuovo stabilimento aperto nel 2018 in Puerto Rico.

Copan, ormai, è cambiata: come si evince dalla Fig. 9 *Panoramica aziendale – dal 2016 fino al 2019*, la vita al suo interno è diversa, adesso l'azienda ha tanti volti ed è il risultato di tante storie, così come sono mutati i suoi numeri e il modo con cui i dipendenti si approcciano all'impresa.

Da piccola azienda di famiglia, è diventata un'unica grande realtà, che ha i suoi processi storici, il suo passato, ma anche il suo futuro.

Ciò che non cambia è l'anima di Copan: qui oggi centinaia di persone devono trovare il proprio posto di lavoro, ritagliandoselo all'interno di questa azienda che ha l'aspetto di una multinazionale, ma ancora il cuore di una casa.

Fig. 9 – Panoramica aziendale – dal 2016 fino al 2019

Area	*Situazione*
Fatturato	> 140 milioni di Euro
Prodotti	> 200
Luogo	Brescia (zona industriale)
Dipendenti	> 600
Mercato principale	UK - USA - Europa - Giappone - Cina

3.3. La fabbrica che sorride

Ridere non è solo contagioso, ma è anche la migliore medicina.

Patch Adams

Il benessere organizzativo, inteso come l'investimento al fine di migliorare la vita di coloro che sostengono l'attività di Copan, è un tema che coincide coi valori a cui l'azienda tiene. L'impresa è fatta di persone prima che di numeri, investimenti, margini, mura, metri quadri. La scelta significativa prima di Daniele, poi di Stefania, di avere all'interno di Copan qualcuno che si occupasse di tenere conto delle esigenze dei propri dipendenti, è il motivo per cui si può dire che Copan si sia trasformata da un'"impresa modello" a una "fabbrica che sorride".

Copan vanta un piccolo centro "benessere" rivolto ai lavoratori dell'azienda, in cui ci sono due psicologhe, Stefania Marcozzi e Paola Carozza. La prima si occupa dell'organizzazione del benessere organizzativo aziendale, la seconda prevalentemente della gestione dell'associazione Peter Pan. Ma cosa vuol dire "benessere organizzativo"?

Risponde a tal proposito direttamente Stefania Marcozzi:

3.3.1. Il benessere organizzativo[25]

Quando parliamo dei bisogni degli esseri umani, parliamo dell'essenza della loro vita.

Abraham Maslow

Il paradigma del Benessere Organizzativo affonda le sue radici nel concetto di salute considerata l'indispensabile condizione alla base della qualità di vita di ogni persona ed essenziale per il suo sviluppo, considerata fondamentale per il progresso sociale ed economico di ogni Paese.

Già nel 1948 l'OMS (Organizzazione Mondiale della Sanità), nella sua carta fondativa[26] definiva la salute come lo "stato di completo benessere fisico, mentale e sociale non consistente solo in un'assenza di malattia o infermità". Ben presto, questa definizione risultò riduttiva e non soddisfacente in

[25] Di Stefania Marcozzi.

[26] www.salute.gov.it/portale/rapportiInternazionali/dettaglioContenutiRapportiInternazionali.jsp?lingua=italiano&id=1784&area=rapporti&menu=mondiale.

quanto non consentiva la misurazione e tantomeno l'operazionalizzazione del "completo stato di benessere".

Ma solo negli anni Ottanta in occasione della Prima conferenza internazionale sulla promozione della salute ad Ottawa[27] assistiamo alla sottoscrizione delle prime linee guida per un'azione globale che ha come obiettivo il mettere al centro dell'attenzione la persona nella sua totalità. Nel 1986 il concetto di promozione della salute viene sdoganato in campi differenti da quello strettamente sanitario chiamando in causa diversi soggetti quali i governi, la sanità pubblica e privata, le organizzazioni non governative e i mass media ad una maggiore assunzione di responsabilità e di coinvolgimento, collaborazione, coordinamento e intervento per il raggiungimento dell'obiettivo comune.

Il fine della conferenza internazionale è quello di realizzare iniziative in grado di migliorare lo stato di salute della popolazione e del mondo stesso. Il principio guida globale per ogni comunità è quello dell'incoraggiamento a prendersi cura gli uni degli altri. Pertanto, anche il modo in cui viene organizzato il lavoro nelle imprese dovrebbe contribuire a creare una società sana. Gli imprenditori sono spronati a fare scelte responsabili, creare ambienti di lavoro sicuri, stimolanti, soddisfacenti e piacevoli, coscienti degli effetti che ogni decisione potrebbe avere sul piano della salute.

È ragionevole pensare che la carta di Ottawa abbia deposto il primo mattoncino per la costruzione di un vero e proprio modello del "benessere organizzativo" che punta al perseguimento della salute attraverso la realizzazione di condizioni di maggiore certezza e gratificazione negli ambienti di vita e di lavoro.

Nel 2003 un gruppo di lavoro coordinato dalla Facoltà di Psicologia2 dell'Università La Sapienza di Roma, e coinvolto nell'ambito del laboratorio "Benessere Organizzativo" del Programma Cantieri del Dipartimento della Funzione Pubblica[28] ha fornito una descrizione esaustiva della tematica definendola come: «l'insieme dei nuclei culturali, dei processi e delle pratiche organizzative che animano la dinamica della convivenza nei contesti di lavoro, promuovendo, mantenendo e migliorando la qualità di vita e il grado di benessere fisico, psicologico e sociale delle comunità lavorative». Questo lavoro offrì una metodologia di analisi ed intervento sul clima organizzativo

[27] www.who.int/healthpromotion/conferences/previous/ottawa/en/.

[28] *Benessere Organizzativo. Per migliorare la qualità del lavoro delle amministrazioni pubbliche*. Cantieri – Analisi e strumenti per l'innovazione – I manuali. Dipartimento della Funzione Pubblica per l'efficienza delle amministrazioni. A cura di Francesco Avallone e Mauro Bonaretti. Rubettino, Soveria Mannelli, 2003.

messa a punto e sperimentata con il coinvolgimento di molte amministrazioni pubbliche su tutto il territorio nazionale.

Dopo qualche anno, nel 2008, con il D.Lgs. n. 81 sulla sicurezza nei luoghi di lavoro, anche l'Italia si allinea alle linee guida dell'Unione Europea e nel maggio 2011 diviene obbligatorio in tutte le organizzazioni la valutazione e la gestione del rischio da stress lavoro-correlato[29].

Oggi sempre più imprese investono risorse sulla prevenzione e quindi sul miglioramento del benessere, questo è dimostrato da un'ampia letteratura che evidenzia la forte correlazione tra livello di benessere organizzativo e le performance di efficacia, efficienza, produttività e sviluppo dell'impresa. Questo è possibile in quanto il fenomeno del benessere si riferisce al modo in cui le persone vivono la relazione con la propria organizzazione, pertanto, in base al loro livello di condivisione e rispecchiamento nei principi, nei valori e nelle prassi aziendali cambierà la loro percezione di sentirsi più o meno appartenere ad una realtà in grado di valorizzarle, motivarle e renderle pienamente soddisfatte del proprio operato.

Gli studi delle scuole contemporanee[30], dagli anni Novanta in poi attribuiscono all'organizzazione un ruolo centrale nell'attività di prevenzione della salute ponendo una maggiore attenzione ad un più generale benessere psichico e sociale oltre che fisico, analizzando i processi organizzativi oltre che tecnici[31].

Gli psicologi del lavoro iniziano, in questo modo, a osservare, oltre ai fattori ambientali (rumore, temperatura, progettazione dello spazio) e i fattori fisici (alimentazione corretta, il fitness, il fumo, malattie), i fattori mentali (legati all'autostima, lo stress, la depressione, l'ansia) e i fattori sociali (le relazioni lavorative, interessi personali, eventi della vita).

Gli studi svolti negli ultimi decenni dei diversi settori (medicina, psicologia, antropologia, sociologia, management, scienze politiche) individuano quattro prospettive principali su cui approfondire la tematica[32]:

[29] www.inail.it/cs/internet/attivita/ricerca-e-tecnologia/area-salute-sul-lavoro/rischi-psicosociali-e-tutela-dei-lavoratori-vulnerabil.

[30] R. Williams, V. Williams, *Anger kills: Seventeen strategies for controlling the hostility that can harm*, 1994.

[31] L. Borgogni, L. Petitta, *Lo sviluppo delle persone nelle organizzazioni*, Carocci, Roma, 2003.

[32] D.T. Jaffe, *The healthy company. Research paradigms for personal and organizational health*, in S.L. Sauter, L.R. Murphy, *Organizationale risk factors for job stress*, 1995, pp. 13-39.

- il paradigma dello stress e del burnout[33], dove l'attenzione è posta più sulle capacità dell'individuo di fronteggiare e gestire le situazioni stressanti, piuttosto che sul tipo di ambiente lavorativo che possono causare o alleviare lo stress;
- la prospettiva dello sviluppo organizzativo o della riprogettazione organizzativa (work organizational redesign) più interessata a capire come creare luoghi di lavoro efficaci, mettendo a confronto le diverse culture d'impresa; o il rapporto tra la capacità dell'organizzazione di far crescere i dipendenti e il grado di innovazione e sviluppo di nuove idee;
- il paradigma delle politiche aziendali (procedure, programmi e iniziative) che si focalizza sulla possibilità o meno di controllo e partecipazione dei lavoratori e sulla cultura del posto di lavoro (norme, valori, modelli comportamentali) sostenendo che le organizzazioni siano culturalmente eterogenee e necessitano di una politica del personale volta all'integrazione;
- lo studio psicodinamico dei manager basata sulla teoria che sia l'individuo ad influenzare l'organizzazione e a farne un ambiente "in salute". Questa prospettiva si focalizzata sulla leadership, sulle caratteristiche personali e sul livello di maturità del leader fondatore[34] che insieme influenzerebbero direttamente la cultura organizzativa.

Come accennato in precedenza, il benessere non è una caratteristica della persona o una condizione dell'ambiente, bensì una proprietà della relazione tra l'individuo e l'ambiente di lavoro e quindi esso è legato a continui cambiamenti a seconda dei bisogni e delle fasi di vita che attraversano le persone.

Di seguito sono presentate le aree del benessere organizzativo (Avallone, Paplomatas, 2005) contemplate dallo strumento MOHQ (Multidimensional Organizational Helth Questionnaire), che, come altri, consente di effettuare indagini qualitative e quantitative nell'azienda e di scattare la "fotografia" del livello di salute dell'impresa individuando le aree forti e solide, quelle deboli e migliorabili su cui progettare percorsi di crescita.

Le 14 aree del Benessere Organizzativo.

1. Allestire un ambiente di lavoro salubre, confortevole e accogliente.
2. Porre obiettivi espliciti e chiari ed essere coerenti tra enunciati e prassi operative.

[33] Per approfondimenti sui 4 filoni di ricerca si veda l'articolo: *Responsabilità Sociale d'Impresa, Benessere Organizzativo e lavoro: il caso di un'impresa cooperativa romagnola, la Sacmi di Imola* di Luigi Frey e Stefania Marcozzi. www.aiel.it/page/old_paper/frey.pdf.

[34] F. Avallone, A. Paplomatas, *Salute Organizzativa*, Raffaello Cortina, Milano, 2005.

3. Riconoscere e valorizzare le competenze e gli apporti dei dipendenti e stimolare nuove potenzialità.
4. Ascoltare le istanze dei dipendenti.
5. Mettere a disposizione le informazioni pertinenti al lavoro.
6. Essere in grado di governare l'espressione della conflittualità entro livelli tollerabili di convivenza.
7. Stimolare un ambiente relazionale franco, comunicativo, collaborativo.
8. Assicurare scorrevolezza operativa, rapidità di decisione, supportare l'azione verso gli obiettivi.
9. Assicurare equità di trattamento a livello retributivo, di assegnazione di responsabilità, di promozione del personale.
10. Mantenere livelli tollerabili di stress.
11. Stimolare, nei dipendenti, il senso di utilità sociale contribuendo a dare senso alla giornata lavorativa dei singoli e al loro sentimento di contribuire ai risultati comuni.
12. Adottare tutte le azioni per prevenire gli infortuni e i rischi professionali.
13. Definirei compiti dei singoli e dei gruppi garantendone la sostenibilità.
14. Apertura all'ambiente esterno e all'innovazione tecnologica e culturale.

Le recenti accelerazioni e trasformazioni del mondo del lavoro nell'era del digitale e dell'impresa 4.0 mostrano l'urgenza di recuperare gli studi effettuati nel campo della salute e benessere nel sistema aziendale e di svilupparli per comprendere appieno il mutamento della relazione tra l'individuo e l'organizzazione di oggi. È necessario creare dei gruppi di lavoro multidisciplinari per prepararsi ad affrontare e rispondere efficacemente ai bisogni emergenti delle nuove generazioni, ma anche delle "vecchie" che esprimono anch'esse differenti esigenze da quelle del passato che aumentano la complessità del sistema-impresa.

In questo scenario, la psicologia e la "cassetta degli attrezzi" a sua disposizione hanno un ruolo cruciale nella strutturazione di organizzazioni che continuano a credere nella bellezza, nella creatività, nelle emozioni e nell'intelligenza dell'essere umano. Non ci resta che mettere in campo nuove idee per costruire competenze e soluzioni in grado di "far star bene" le persone che lavorano.

Il benessere è una "filosofia di pensiero", è un modo di concepire l'impresa, di costruire strategie e alleanze tra le parti, l'arte di "cucire un ambito su misura" a seconda delle persone che in essa vi abitano.

3.4. La via Triva

> Quelli che ballavano erano visti come pazzi da quelli che non sentivano la musica.
>
> *Friedrich Nietzsche*

Diversi dipendenti hanno condiviso la propria opinione su come immaginano la Copan del futuro: c'è chi ha sognato una Copan con più sedi sparse nel mondo, come ipotizzano Valeria e Giorgio[35], c'è chi la idealizza ancora più grande nei numeri, ma con la stessa "sostanza", come Alessia; o chi vorrebbe vedere che l'idea sottostante al progetto di Futura, ovvero la realizzazione di un grande "Parco scientifico", diventi una straordinaria realtà. C'è anche una visione, delicata e poetica, di Irene, rendere un giorno tutta la via in cui ha sede Copan, la via "Triva": «Me la immagino che diventi talmente grossa da occupare tutta la via, ma non che sia dispersiva, più come una "boutique". Speciale, unica, un concentrato di "gene Copan"».

Sembra che, per lavorare in questa azienda, tutto debba partire dai valori che dimostri di avere. Come fosse una caratteristica genetica. In Copan vivono ancora oggi le qualità ereditate dalla storia della famiglia Triva, valori quali l'umiltà, il saper cercare l'innovazione, il voler fare e osare. Daniele diceva "Copan deve vivere". E Copan lo fa, affronta e vince le sfide che quotidianamente una multinazionale affronta, sfruttando le opportunità che permettono a questa nave argonautica di continuare a sognare, progettare, desiderare.

[35] Giorgio Martello.

Inaugurazione Ristorante Copan

Brescia, 2016

3.4.1. La rivoluzione digitale[36]

> Preferisco essere un sognatore fra i più umili, immaginando quel che avverrà, piuttosto che essere signore fra coloro che non hanno sogni e desideri.
>
> *Kahlil Gibran*

Spesso nella storia delle imprese, le innovazioni tecnologiche hanno cambiato in modo radicale il modo di produrre, qualche volta hanno portato a modificare comportamenti e persino a definire nuovi modelli culturali. Ciò che sta avvenendo attraverso il veloce affermarsi di quella che ormai viene definita "rivoluzione digitale"[37], sembra potere essere catalogato tra gli eventi destinati a scrivere un futuro profondamente diverso da quello che i sistemi digitali hanno trovato nel momento in cui hanno iniziato ad affermare le proprie potenzialità.

Quando facciamo riferimento alla rivoluzione digitale intendiamo[38] «la tecnologia pervasiva dell'economia digitale, che integra e semplifica le tecnologie informatiche delle telecomunicazioni e della elaborazioni dati di interconnessioni tra idee, attori, business model, mercati, e prodotti/servizi semplificandone in modo radicale l'interazione e dando vita a un numero praticamente infinito di nuove combinazioni».

Pur nell'ampiezza dei cambiamenti che si possono già affermare un aspetto importante da sottolineare è legato al fatto che il fronte di quella che in Italia viene chiamata Industria 4.0 porta esplicitamente, e nuovamente, la tecnologia come essenziale forza di cambiamento. In sostanza, è ormai chiaro come l'insieme delle novità che la digitalizzazione offre, non solo permette di verificare cambiamenti nei sistemi produttivi, nelle fabbriche, nelle strutture organizzative, nelle modalità di lavoro, ma sta rapidamente determinando impatti nell'intera catena dei rapporti sociali, attraverso l'affermarsi della realtà dell'interconnessione. Si stanno rapidamente cambiando le modalità attraverso le quali si diffondono saperi, ma anche le stesse "gerarchie" dei fabbisogni di "conoscenza" si stanno velocemente ridefinendo, mentre sono già abbastanza evidenti gli effetti sul fronte delle modalità di consumo, della distribuzione del potere e, ovviamente, della ricchezza. Si ripensa al modo con cui si produce, ma anche a come si consuma. Si è già

[36] Di Mario Mazzoleni.

[37] M. Castells, *Mobile communication e trasformazione sociale*, Guerini e associati, Milano, 2008.

[38] P. Cellini, *La rivoluzione digitale*, Luiss Ed, Roma, 2018.

messa in soffitta la contrapposizione tra uso e utilizzo di beni attraverso forme di condivisione degli stessi che iniziano a contaminare anche il mondo delle imprese, così poco avvezzo ad esperimenti di sharing o, anche solo, di condivisione di attività complesse o critiche.

Provando ad identificare in modo sintetico gli effetti che il cambiamento in atto sta generando sulle modalità di funzionamento delle aziende, uno degli elementi che maggiormente saltano all'occhio riguarda il fatto che le imprese possono "utilizzare" (almeno potenzialmente) una massa sempre più ingente di informazioni che, a loro volta, possono essere elaborate attraverso sistemi di analisi sempre più rapidi ed efficienti. In prima battuta questa disponibilità di dati (i cosiddetti Big Data), se ben riclassificati e riletti attraverso algoritmi in grado di cogliere correlazioni "intelligenti", possono offrire spunti inimmaginabili solo fino a qualche anno fa, a partire dalle valutazioni strategiche per planare su varie tipologie di decisioni. Partendo da questa prima rappresentazione degli effetti che si possono generare attraverso l'uso di grandi quantità di dati, appare però quello che, oggi, possiamo definire come il vero punto di "non ritorno" generato dall'innovazione digitale, ossia quello che porta ad affermare il principio (tanto caro a generazioni di manager degli ultimi decenni) dell'apprendimento dalle proprie azioni (e dagli effetti che le stesse generano). In sostanza, la potenzialità di elaborazione definita "intelligente" poco sopra, diventa sempre più sofisticata e finalizzabile attraverso l'utilizzo di algoritmi che vengono associati alla cosiddetta intelligenza artificiale che, per un verso possono fare tesoro, appunto, di ciò che l'esperienza insegna (apprendimento appunto), e, per un altro permettono di "simulare" effetti ed eventi correlando un numero sempre maggiore di variabili tra loro (oltretutto provenienti da fonti diverse e rappresentate attraverso forme a loro volta disomogenee)[39]. Non saremo quindi solo più veloci nel decidere, ma anche più efficaci, sia nell'indirizzare le nostre azioni, sia nel correggerle in corsa se, e quando, necessario. Allo stesso tempo, però, sarà sempre più facile e immediato (lo è in parte già ora) trasformare le informazioni raccolte e selezionate (anche potenziando le tecnologie di raccolta e utilizzo definite dalle blockchain[40]) in ulteriore conoscenza

[39] Per rimanere nell'ambito delle aree della prevenzione o cura, la velocità con la quale si possono raccogliere e correlare informazioni diverse su singoli o masse di pazienti, passando dai tradizionali dati diagnostici a quelli associabili a immagini, con possibili approfondimenti di tipo genetico, sembra offrire, per un futuro non così lontano, risposte diagnostiche e indirizzi preventivi non facilmente ipotizzabili solo pochi anni fa.

[40] G. Chiap, J. Ranalli, R. Bianchi, *Blockchain. Tecnologia e applicazioni per il business*, Hoepli, Milano, 2019; D. Tapscott, *Blockchain Revolution: How the Technology Behind Bitcoin Is Changing Money, Business, and the World*, Penguin, New York, 2016.

dei mercati, delle attività e dei loro effetti portandoci a generare percorsi in continua evoluzione.

Dal punto di vista delle opzioni strategiche a fianco dei modelli canonici, appare sempre più chiaro il ricorso a nuove forme di approccio ai mercati attraverso forme di collaborazione competitiva e no[41], che saranno non solo suggerite dai classici indirizzi competitivi legati a rafforzamenti di quote di mercato, a difese di nicchie più o meno consolidate, piuttosto che a tradizionali valutazioni legate a riduzione di costi o all'uso di barriere più o meno sofisticate. Si amplieranno, invece, le aree di confronto in grado di proporre vantaggi competitivi associabili alla vicinanza con le mutevoli esigenze dei clienti, e alla flessibilità nelle risposte. Allo stesso tempo la capacità di customizzare i prodotti (o i servizi) e, ancora, di renderli flessibili di fronte alle mutate richieste dei mercati, ridurrà l'efficacia di innovazioni "protette" dai classici brevetti per sancire, più o meno definitivamente, la rilevanza di barriere legate a qualità e, ancor più, funzionalità e facilità d'uso (rafforzando in questo modo un altro ambito di competizione che si associa alle attività pre e post vendita). I tempi di risposta con la conseguente e necessaria riduzione dei tempi di progettazione saranno, a loro volta, elementi fondamentali per supportare l'innovazione e sostenere i posizionamenti nei diversi mercati, portando ad avvicinare sempre più le attività di ricerca e sviluppo a quelle di prototipazione, se non, addirittura di posizionamento nei mercati. La rivoluzione che nel passato abbiamo vissuto e che ci ha portato a diventare spesso compartecipi nella produzione di parti di servizi di nostro interesse (il Prosumer[42]) si sta ormai affermando anche nei processi produttivi, portando attraverso la condivisione di informazioni a sempre più strette relazioni nei processi produttivi tra chi è interessato ai prodotti e chi si deve occupare di predisporli, non solo con l'affermazione di modalità di pianificazione decise attraverso sistemi "on demand", ma anche coinvolgendo sempre più gli utilizzatori finali nella definizione di caratteristiche di prodotto e di sua fruizione.

[41] Ad esempio possiamo fare riferimento alle forme di competizione collaborative conosciute ormai sotto il neologismo della "Coopetition" definito per la prima volta da G.B. Dagnino, G. Padula, *Coopetition Strategy: Towards a New Kind of Interfirm Dynamics for Value Creation*, EURAM 2nd Annual Conference, Stockholm School of Entrepreneurship, Sweden. 8 May 2002.

[42] Si fa riferimento a quelle attività che si svolgono partecipando al servizio che stiamo ottenendo, ad esempio quando in un fast food ci sostituiamo ai camerieri scegliendo e trasferendo ai nostri tavoli i nostri cibi, oppure quando ci sostituiamo all'impiegato delle ferrovie, acquistando il nostro biglietto o quando lo obliteriamo prima di salire sul treno. Sul tema si veda Marshall McLuhan, Barrington Nevitt, *Take Today: The Executive as Dropout*, The Library Quarterly, vol. 43, n. 2, 1973-04.

Allo stesso tempo, la necessità di analizzare masse di dati sta iniziando a rivalutare gli stimoli alla visione sistemica dell'azienda e di chi intorno ad essa opera o vive. Questo porta non solo a rafforzare i rapporti diretti con clienti e fornitori, ma anche a sviluppare processi interconnessi che, attraverso l'interazione tra essere umano e macchina, finiscono con il ridefinire completamente i sistemi di mercati e le stesse relazioni verticali e orizzontali tra imprese che, per decenni hanno rappresentato le normali modalità di lettura e di approccio ai mercati.

I network e le reti in questo contesto non solo stanno assumendo un ruolo fondamentale nella crescita delle imprese, ma stanno iniziando a rappresentare le arene ove si sperimentano collaborazioni legate a condivisioni di dati, approcci alla loro interpretazione e utilizzo, ma anche spazi in cui condividere competenze ed esperienze superando, anche nella forma, le barriere che, da sempre, hanno ridotto le potenzialità di questi strumenti. In questo modo si stanno rendendo sempre meno chiari e definiti i confini delle aziende e dell'area di esercizio dei ruoli che in esse vengono presidiati. Le stesse categorie di "interno" ed "esterno" con riferimento alla posizione formale nei confronti delle aziende di soggetti fisici o giuridici, si stanno velocemente modificando superando confini dettati dalla "sottomissione contrattuale". Le spinte collaborative consolidano il percorso già in atto che ha portato a ridurre la complessità aziendale dal punto di osservazione organizzativo, riducendo e ridefinendo livelli e rapporti gerarchici, dando sempre più spazio a comportamenti orientati alla valorizzazione delle interdipendenze all'interno delle imprese, ma anche superando i confini delle stesse, portando a modificare anche le forme di relazione tra gli stakeholder. Infine, la velocità con la quale si stanno affermando queste "novità" già mette in evidenza come debbano cambiare le competenze all'interno delle imprese, portando sempre più ad associare i profili di specializzazione con quelli in grado di svolgere ruoli di coordinamento, di pianificazione, di problem solver. La dimensione professionale "tecnica", a sua volta, deve essere in grado di operare, orientandosi alla gestione delle esigenze di mercato sviluppando capacità di flessibilità e di risposta coerenti con le nuove esigenze strategiche sopra descritte. Le attitudini collaborative devono essere valorizzate e formate con sistematicità. Allo stesso tempo (e Copan rappresenta da questo punto di vista un esempio vincente) il rapporto tra persona e macchina non solo deve essere vissuto limitandosi nell'enfatizzazione della capacità di sostituzione della seconda alla prima, ma deve basarsi sulla necessità di generare "dialogo" tra uomo e macchina al fine di definire reciproci flussi informativi da raccogliere ed analizzare per realizzare opportunità di crescita di valore. Utilizzando le parole di Tom Davemport[43]: «... si tratta di imparare a collaborare con le macchine congegnandole e utilizzandole come "collaboratori digitali", capaci di supportare compiti non strutturati, con contenuti di progettualità e di creatività». Si dovrà, quindi, investire sempre più in formazione in grado di aiutare a sviluppare i processi di interazione con le nuove tecnologie, agendo al fine di ridurre la portata delle barriere che si frappongono naturalmente ai cambiamenti (anche non radicali). Allo stesso tempo si dovranno sempre più presidiare i meccanismi di diffusione delle conoscenze e quelli legati al trasferimento tecnologico.

In definitiva, quindi, le sfide che sono già in atto spingono le imprese a una presa d'atto della necessità improrogabile di adottare nuovi approcci per affermare e sostenere le necessarie innovazioni sul fronte culturale, con ricadute sia per quanto riguarda le modalità di "funzionamento" delle aziende, sia per quanto concerne le figure professionali che nelle stesse dovranno sempre più avere spazio. Paradossalmente, da questo punto di vista, quanto più si andrà realizzando un percorso teso alla valorizzazione delle tecnologie e all'adozione di approcci connessi allo sviluppo della cosiddetta "intelligenza artificiale", quanto più sarà indispensabile fare affidamento sulla risorsa umana e sulla sua capacità di interazione, di interpretazione, di guida e coordinamento.

[43] *Il Sole 24 Ore* (*Nova* n. 582, 15 marzo 2017).

3.5. Cuore e testa

La coerenza è comportarsi come si è, e non come si si è deciso di essere.
Sandro Pertini

La storia continua ma per sapere come, si cede la parola a Stefania e Giorgio Triva:

Stefania Triva, (Presidente di Copan S.p.A.):

Mi piace pensare che il DNA di Copan, contraddistinto dalla costante presenza di cuore e testa, sia come tutti i DNA: resterà nel tempo. Certo, si modificherà nel modo in cui l'evoluzione della specie ci insegna, ma sempre resteranno i saldi valori che ci hanno portato fino ad oggi.

A luglio del 2014 abbiamo pianto disperatamente insieme, abbiamo vissuto momenti tragici, di dolore incommensurabile, di incertezza, di smarrimento, ma a settembre dello stesso anno, ancora con gli occhi umidi, ci siamo rialzati e con la forza dell'Unione abbiamo accettato la nuova sfida. Eravamo tutti consapevoli che l'Unione del gruppo doveva essere fortificata da fondamenta ancora più forti di prima, dato lo stato di fatto che comportava dei cambiamenti, perché se l'obiettivo era crescere, la crescita è cambiamento.

È stato sicuramente il cuore a guidarmi nella decisione di non abbandonare la nave, in quel momento la testa era paralizzata dall'incertezza di poter dare continuità alla vostra vita lavorativa, ma il cuore urlava di più, soprattutto pulsava la certezza di non essere sola. Copan, è vero, è il mio sangue ma sono altrettanto certa che sia il sangue della maggioranza di voi. Il cuore la passione e la testa che abbiamo messo, che mettiamo e che metteremo tutti i giorni, rappresentano la forza che ci permette di superare anche i momenti più duri e drammatici.

Mio padre ci ha dato l'opportunità, mio fratello l'ha resa unica insegnandoci come si può diventare grandi, noi la stiamo rendendo grande mantenendo testa e cuore. È una sfida certo, che prevede nuovi obiettivi e nuove complessità. Crediamo nella comunicazione e Pianeta Copan, il giornalino aziendale scritto interamente dai dipendenti con la prima uscita Ottobre 2015, ci aiuta a sostenerla. I numeri sono eccellenti, ma non sono tutto. Mi impegno quotidianamente per trasmettere e mantenere "l'anima Copan", fatta di consapevolezza, tolleranza e generosità, trasparenza e comunica-

zione, modellata da regole dettate dal cuore e dal buonsenso. Perché le regole dettate dalle paure di prendersi i rischi, non fanno innovazione e noi siamo nati innovando.

La consapevolezza ci fa sbagliare per migliorare. La tolleranza e la generosità ci fanno trovare i compromessi che non bloccano il nostro percorso di crescita. La comunicazione ci fa andare tutti nella stessa direzione. Ma soprattutto il cuore e il buonsenso ci fanno restare la fabbrica del fare. Affinché questi pilastri della nostra anima non restino solo demagogia ma siano la nostra realtà di tutti i giorni, lo sforzo, a volte anche il sacrificio, di abbassare la testa e andare contro i propri "credo", deve essere collettivo, guidato dall'ascolto e dalla comprensione e non dall'inganno e dalle superiorità di ruolo o di anzianità. Continuo a credere che siamo speciali e questo ci consentirà di fare grandi cose insieme, mantenendo il sorriso che ci contraddistingue. Credo che ci sia anche qualcosa di speciale nella nostra comunità, noi siamo "la fabbrica del fare" e credo che rimanendo ancorati a questo principio affronteremo le complessità e le sfide con successo come la storia ci ha insegnato. Passione, sorrisi, generosità, competenza, conoscenza, unici, innovatori: questo è quello che dicono di noi, il tutto condito dalla semplicità e umiltà, e questo è quello che dobbiamo mantenere crescendo. Ecco perché ciascuno di noi deve investire cuore e testa, perché solo così possiamo fare squadra. Da soli non si sopravvive, insieme siamo forti, insieme siamo Copan.

Giorgio Triva (Strategic Project Manager e NewLab Director):

Mi manca mio papà, è ovvio. Sono nato in Copan e sono cresciuto con lui dentro queste mura, tutto mi parla di lui. Ancora adesso, alle volte, mi basta incrociare lo sguardo di alcuni collaboratori, perché mi torni in mente mio padre. Ci sono anche tanti giovani come me, i "nuovi entrati", che pur non avendo vissuto questa storia aziendale, hanno la stessa visione degli "storici di Copan". Poi ci sono io, che da quando è venuto a mancare mio padre, ho dedicato tutta la volontà e l'anima per aiutare l'azienda, anche se, forse, è stata lei ad aiutare me. Son cresciuto col team di NewLab, in cui ho ritrovato i valori che hanno caratterizzato tutti i settori di Copan, quali la voglia di fare, l'efficienza, la curiosità, la solidarietà e l'equità: guardiamo insieme lo stesso orizzonte e difendiamo tutti i nostri sogni per costruire il futuro.

Siamo il cuore e la testa dell'azienda, dobbiamo capirlo. Sono sicuro che il dialogo sia importante, dobbiamo ripetercelo: "lavoriamo insieme, colla-

borando", perché le sfide si vincono in team, con il saper fare e le conoscenze di tutti.

Discutiamo, litighiamo, ridiamo, noi viviamo l'azienda. Mio padre, ne sono certo, sarebbe molto fiero di noi e di come stiamo rendendo possibile ciò che lui, forse, non aveva nemmeno sognato. Ma questo è un viaggio che non finisce mai, è un percorso continuo che ci porta a trovare soluzioni sempre più innovative, rotte che conducano sempre più avanti. Da quale energia dobbiamo attingere per continuare a crescere? Dalla nostra passione. Alla fine ciò che ho imparato in Copan, è che la passione fa la differenza tra lavorare per il denaro e lavorare per il domani.

APPENDICE

Sono libri, – disse lui, – leggici dentro
fin che puoi. Sarai sempre un tapino se
non leggi nei libri.
C. Pavese, *La luna e i falò*

Tirando le somme[1]

Senza pretesa di entrare in modo approfondito nell'analisi gestionale, economica e patrimoniale di Copan[2], possiamo riportare alcuni dati che aiutano a riassumere lo stato dell'arte con riferimento agli ultimi cinque esercizi.

I dati sui quali si fonda questa veloce disamina su come si è mossa Copan, riprendono quanto riportato dai documenti ufficiali di natura contabile, recuperabili sul sito istituzionale, e valorizzano alcune informazioni gestionali.

[1] Di Mario Mazzoleni.

[2] Per coerenza con quanto raccontato, si fa riferimento alle componenti aziendali italiane, ossia direttamente legate alla narrazione riportata in questo testo. I dati riferiti al personale fanno riferimento ad un calcolo approssimativo della presenza media nell'arco degli anni. Questa appendice, quindi, non ha la pretesa di svolgere un'approfondita analisi, ma di dare qualche spunto conclusivo di riflessione sullo "stato dell'arte" dopo 40 anni di impegno del mondo Copan e aprire ulteriori possibili riflessioni sulle potenzialità che, anche i numeri, portano a vedere per i prossimi decenni.

Tav. 7 – Andamento principali voci aziendali

	[3]31/12/18	31/12/17	31/12/16	31/12/15	31/12/14
Dipendenti	625	550	480	417	346
Ricavi pro-capite	197,44	187,51	198,35	215,97	204,92
VA pro-capite	87,15	86,98	98,76	110,76	96,74
Produttività	44%	46%	50%	51%	47%
CdL pro-capite	44,11	43,34	40,15	43,52	46,70
CdL /EBIT	1,24	1,22	0,80	0,74	1,13
Rendimento dip	4,48	4,33	4,94	4,96	4,39

Ricavi pro capite = ricavi delle vendite/ numero medio dei dipendenti

VA procapite = CdL+MOL/nr medio dipendenti

CdL pro-capite = costo del lavoro/ numero dei dipendenti

Rendimento dip= Ricavi delle vendite/costo del lavoro

Produttività=VA Procapite/Ricavi Procapite

Dall'analisi dei dati sopra riportati si evince, innanzitutto, come la crescita dell'azienda sia continuativa e come, malgrado gli importanti investimenti in tecnologia anche robotica, il trend di crescita abbia mantenuto un costante orientamento all'incremento nel coinvolgimento di risorse umane. È naturalmente da sottolineare come negli ultimi anni la dotazione umana sia cresciuta a sostegno esplicito delle politiche di sviluppo dell'impresa. Aspetto che, nella semplice rappresentazione numerica, mostra la specificità di questa realtà aziendale che, pur non potendo essere classificata come "People intensive", genera trend di crescita importanti su questa variabile aziendale. I trend dei principali indici risentono, ovviamente, degli effetti diretti e indiretti generati dagli investimenti (ingenti), ma mantengono una certa costanza (che diventa crescita se depurati dell'effetto generato dall'insieme degli investimenti).

Le variazioni registrate nei singoli esercizi non evidenziano particolari elementi di criticità, essendo tutte facilmente collegabili a scelte imprenditoriali (investimenti).

[3] I dati relativi all'esercizio 2018 fanno riferimento alla versione dei documenti contabili prima della loro formale approvazione successiva all'invio in stampa del presente volume. I dati definitivi sono reperibili sul sito dell'azienda e aggiornati nelle versioni digitali del presente volume. Con riferimento al numero di dipendenti si sono fatte estrapolazioni relative alle medie annuali.

Tav. 8 – Risultati aziendali[4]

	2018	2017	2016	2015	2014
Risultato Operativo (EBIT)	22.250	19.572	24.192	24.627	14.333
Costo del lavoro	27.569	23.839	19.273	18.149	16.159
Ricavi delle Vendite	123.399	103.131	95.210	90.059	70.902
MOL	26.900	24.002	28.130	28.039	17.313

In relazione a questi indici si può sottolineare come, a parte l'incremento ovvio del costo del lavoro, l'azienda mostra una tendenza chiara a crescere in termini di fatturato e, inoltre, di trend, per quanto concerne gli sviluppi economici principali. In sostanza, se valutati, secondo un'interpretazione di medio periodo, questi indicatori danno il senso del consolidamento della capacità di crescita di Copan e della modalità attraverso la quale (investimenti a tutto tondo) i risultati si sono ottenuti.

Tav. 9 – Scomposizione del fatturato per "area di affari"

Fatturato	Copan Italia (valori in milioni)	Copan CFT	Copan Wasp	Totale
Anno 2014	43.778	8.802	18.322	70.902
Anno 2015	51.352	12.190	26.517	90.059
Anno 2016	52.619	11.747	30.844	95.210
Anno 2017	53.588	17.804	31.739	103.131
Anno 2018	63.602	21.767	38.030	123.399
EBIT	**Copan Italia + CFT**		**Copan Wasp**	**Totale**
Anno 2014	14.333		-	14.333
Anno 2015	16.160		8.467	24.627
Anno 2016	14.730		9.462	24.192
Anno 2017	13.573		5.999	19.572
Anno 2018	15.150		7.100	22.250

L'andamento delle singole aree di Business di Copan, per quanto riguarda la parte "storica" dell'impresa, mostra un incremento chiaro sia puntuale sia di trend per quanto riguarda fatturato e marginalità. È anche evidente il progressivo consolidarsi del ruolo dell'area automazione nel processo di crescita dell'azienda.

[4] Valori espressi in milioni di euro.

Tav. 10 – Costo del lavoro e Margine Operativo Lordo

COSTO DEL LAVORO	Totale (valori in milioni)	MOL	Totale
Anno 2014	16.159	Anno 2014	17.313
Anno 2015	18.149	Anno 2015	28.039
Anno 2016	19.273	Anno 2016	28.130
Anno 2017	23.839	Anno 2017	24.002
Anno 2018	27.569	Anno 2018	26.900

Alla crescita del costo del lavoro, si associa una curva del margine operativo lordo che, oltre a risentire dell'importante effetto generato dall'investimento in risorse umane, soffre anche dell'effetto generato dal flusso continuo e rilevante degli altri rilevanti impegni finanziari legati alla crescita delle strutture produttive. Va comunque sottolineato che la curva totale che descrive l'andamento del MOL, riporta un trend in crescita se riferita all'anno iniziale, dando evidenza agli effetti di "medio-lungo periodo" che le scelte strategiche hanno generato e si orientano a realizzare.

Andando velocemente in dettaglio, le due Tavole 11 e 12 esplicitano in modo chiaro come la produttività aziendale si consolidi nel tempo anche per via di una certa costanza nel costo del lavoro pro capite. Da questo punto di vista va anche sottolineato come gli effetti generati dagli investimenti (sia in risorse umane sia, soprattutto, in capitale), per quanto riguarda l'area automazione, si mostrino con continuità nel medio lungo periodo. La curva della produttività, comunque, mostra una variabilità che può essere spiegata in relazione al progressivo differenziarsi delle aree di attività, con conseguente esigenza di differenziazione delle professionalità da coinvolgere nel business.

Tav. 11 – Relazione tra costo del lavoro procapite e produttività

	2018	2017	2016	2015	2014
CdL pro-capite	44,11	43,34	40,15	43,52	46,70
Produttività	44%	46%	50%	51%	47%

Tav. 12 – Rappresentazione grafica della relazione tra costo del lavoro procapite e produttività

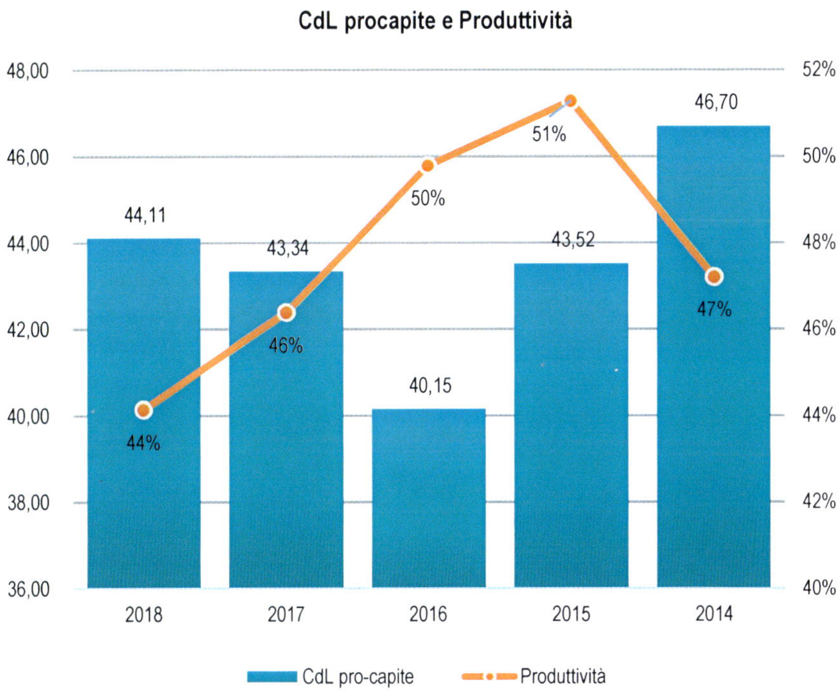

Le considerazioni appena evidenziate vengono confermate dalle due successive Tavole 13 e 14, che ribadiscono come ad un incremento costante nel numero delle risorse umane operative mediamente ogni anno, si affianchi una curva della produttività il cui trend è altalenante sebbene leggermente discendente.

Tav. 13 – Relazione tra il numero dipendenti e produttività

	2018	2017	2016	2015	2014
Dipendenti	625	550	480	417	346
Produttività	44%	46%	50%	51%	47%

Tav. 14 – Rappresentazione grafica del rapporto tra dipendenti e produttività

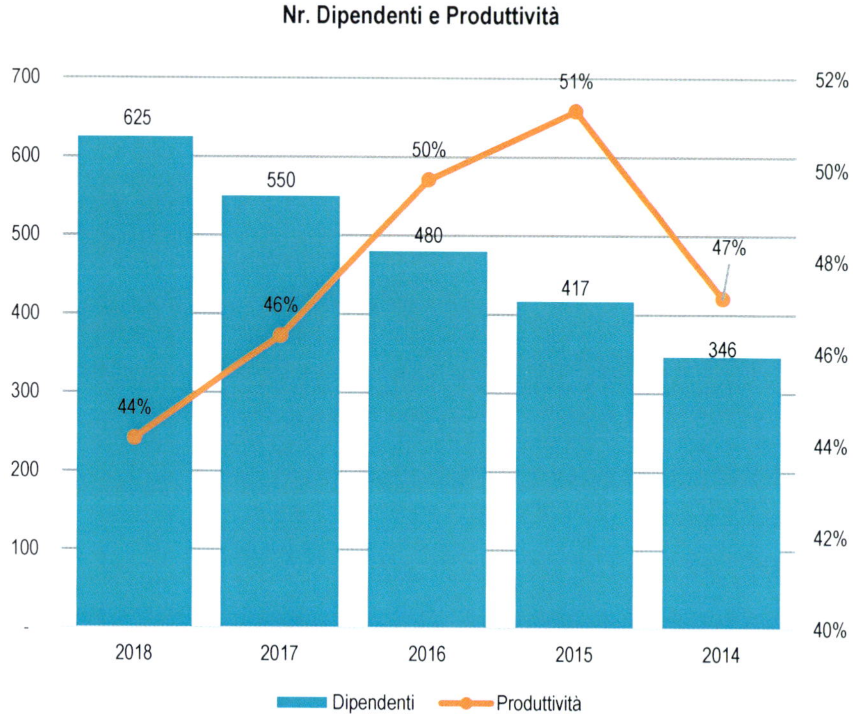

Le quattro tavole che seguono (15-18) evidenziano come ricavi e costi procapite mantengano, nella sostanza, un trend sufficientemente stabile nel tempo pur in presenza di variazioni nella composizione dei costi, delle attività svolte e dei mercati/business, anche se le influenze esercitate da questi ultimi fattori (mercati/business), in relazione alle imponenti azioni di investimento che il nuovo richiede, portano ad una riduzione nel trend del valore aggiunto procapite.

Tav. 15 – Relazione tra dipendenti, ricavi procapite e costo del lavoro procapite

	2018	2017	2016	2015	2014
Dipendenti	625	550	480	417	346
Ricavi pro-capite	197,44	187,51	198,35	215,97	204,92
CdL pro-capite	44,11	43,34	40,15	43,52	46,70

Tav. 16 – Rappresentazione grafica rapporto tra ricavi e costo del lavoro procapite

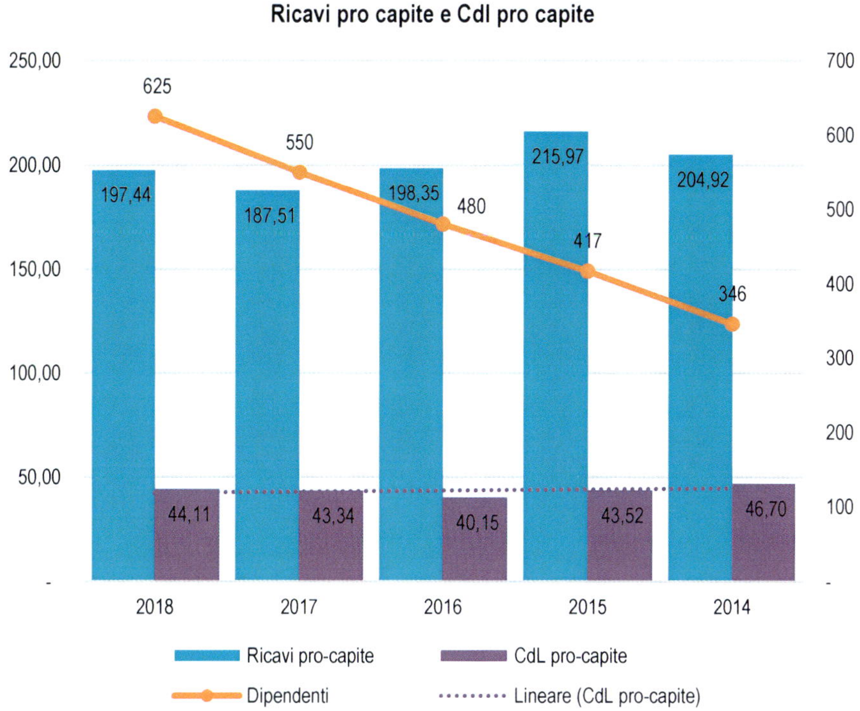

Tav. 17 – Relazione tra ricavi e valore aggiunto procapite

	2018	2017	2016	2015	2014
Dipendenti	625	550	480	417	346
Ricavi pro-capite	197,44	187,51	198,35	215,97	204,92
VA pro-capite	87,15	86,98	98,76	110,76	96,74

Tav. 18 – Rappresentazione grafica della relazione tra ricavi e valore aggiunto procapite

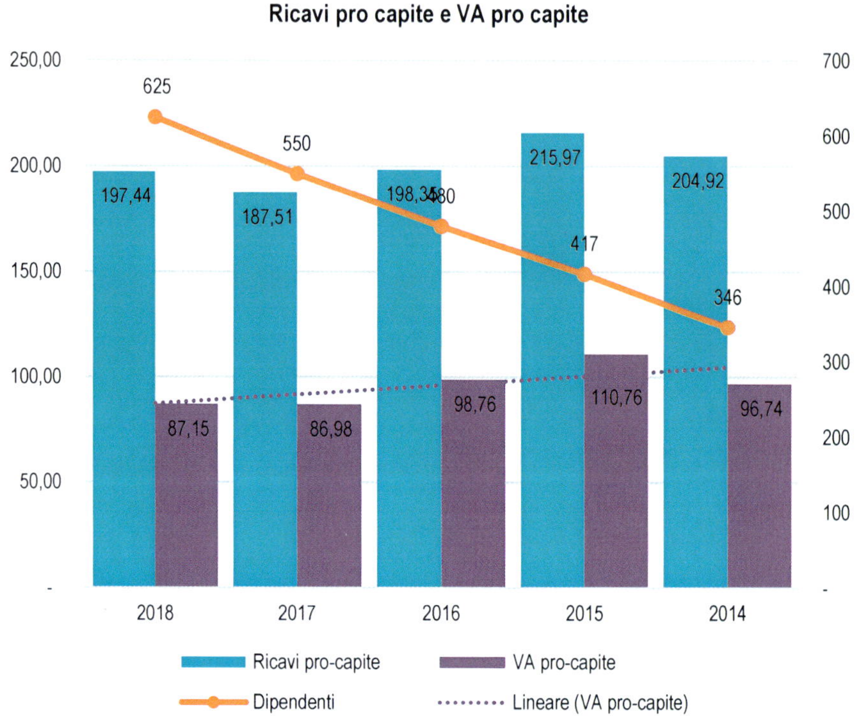

In definitiva, quindi, gli ultimi 5 anni di attività mostrano come le scelte di rafforzamento del core business, associate al potenziamento degli investimenti sia infrastrutturali sia a sostegno dell'apertura di mercati nuovi e, decisamente diversi da quelli storici, stiano portando al consolidamento della capacità di produrre reddito da parte di Copan, generando risorse attraverso le quali l'azienda riesce a fare fronte ai propri importanti impegni.

CONCLUSIONE*

Fai ciò che ami, ama ciò che fai, e mantieni più di quanto hai promesso.
Harvey B. Mackay

Parafrasando il titolo di un libro famoso qualche tempo fa, questo testo racconta i primi quarant'anni di Copan. Un'azienda nata nel solco della tradizione imprenditoriale italiana, con un primo imprenditore che, rimboccandosi le maniche, ha sostenuto il proprio ingegno e la propria visione attraverso un modello del fare impresa fortemente orientato dal rispetto di quelli che oggi chiamiamo gli stakeholder.

Il genio si perpetua nel tempo associandosi a una grande capacità di innovare non solo sul fronte dei prodotti e dei processi, ma anche, e forse soprattutto, nel modo in cui si affrontano le sfide imprenditoriali, si individuano nuovi metodi gestionali e si scardinano vetusti paradigmi.

Il filo rosso che l'impresa segue in questi primi quarant'anni racconta di scelte anche ardite che, passo dopo passo, portano Copan a sviluppare la propria azione in nuovi mercati, settori e in ambiti produttivi estremamente sfidanti ed innovativi.

Una multinazionale tascabile nella quale si evidenzia una grande e costante capacità di orientarsi nei mercati rispettando con passione alcuni valori guida che, oltre ad essere tramandati di padre in figli, permeano l'intero sistema aziendale e sono metabolizzati da tutti gli attori protagonisti di questa storia di successo.

Il "si può fare" associato ad una grande umiltà che porta tutti a rispettare idee ma anche realtà con le quali si viene in contatto, hanno portato a

* Di Mario Mazzoleni.

sperimentare nuove strade non solo accettando il rischio imprenditoriale, ma, soprattutto, riuscendo a fare in modo che ogni esperienza portasse ad apprendimento e a consolidare il coinvolgimento di collaboratori e partner.

L'approccio orientato alla trasparenza che ha sistematicamente alimentato lo spirito partecipativo ha permesso prima di affrontare senza traumi il passaggio generazionale che ha portato nella plancia di comando la seconda generazione della famiglia Triva e successivamente ha aiutato a sostenere il ben più drammatico, oltretutto repentino quindi non programmabile, nuovo cambio al vertice aziendale.

La sfida che l'azienda ha affrontato nel dovere improvvisamente rinunciare al proprio leader è stata condotta dalla famiglia potendosi affidare, oltre che sulle proprie capacità e alla propria esperienza, anche su una squadra di sostegno che ha visto l'intero corpo aziendale mettersi in gioco con fiducia per garantire il consolidamento dell'impresa e l'ulteriore crescita.

La coerenza nel rispetto dei valori viene ad essere alimentata attraverso un'altra grande leva sulla quale la famiglia Triva, insieme a chi l'ha affiancata in questi quarant'anni, ha fatto affidamento: l'innovazione capace di "sparigliare". Essere coerenti e sfidarsi a fondo nel rispetto delle proprie idee per Copan significa anche alimentare scelte innovative attraverso nuove esperienze in grado di superare o limitare il rischio di seguire in modo conservativo percorsi validi in una determinata fase della vita, ma destinati ad essere obsoleti nel momento in cui i contesti ambientali, culturali, tecnologici mutano.

La centralità delle persone aiuta a sviluppare proprio questa capacità di innovare, cercando di non farsi trovare impreparati di fronte a cambiamenti imposti dall'evoluzione del contesto in cui si opera.

L'insieme delle attività che oggi vengono etichettate come Benessere Organizzativo e Welfare Aziendale ne è una riprova evidente.

La storia in generale può insegnare e aiutare l'essere umano ad apprendere facendo tesoro da ciò che l'esperienza può raccontare. Questo vale anche per le vicende che raccontano di aziende. Gli storiografi studiando eventi del passato cercano suggerimenti per il futuro, ma hanno ben chiaro che ogni racconto va sempre letto e interpretato rispettando e riconoscendo gli elementi di contesto che influenzano i comportamenti degli esseri umani, la loro cultura e le loro organizzazioni. Allo stesso modo anche la narrazione di questa prima fase di vita di Copan raccontando scelte, azioni, alleanze, descrivendo modelli organizzativi e gestionali può rappresentare un utile supporto per stimolare riflessioni e attivare meccanismi di apprendimento a condizione di non commettere l'errore di applicare in modo pedissequo e acefalo ciò che si legge a contesti e situazioni diverse da quelle in cui si sono realizzati.

Va però ricordato che le storie aziendali sono da considerare uniche perché gli individui che le realizzano solo a loro volta unici. Il libro racconta in modo esplicito, arrivando spesso a celebrare, persone perché, alla fine, sono sempre le persone che generano i grandi e piccoli successi aziendali.

Il libro racconta quarant'anni di un'azienda che ha saputo evolvere ed è cresciuta in modo costante sia per quanto riguarda le proprie capacità di interagire efficacemente con i mercati di riferimento iniziale, sia nel trovare nuove occasioni commerciali e nuove regole di ingaggio nei settori che, con il tempo, ha iniziato ad affrontare.

La costante ricerca di coerenza tra valori e azioni concrete è, sicuramente, un elemento che traspare dalla lettura di questo testo, permettendo di evidenziare non solo la rilevanza che si è sempre assegnata a questa scelta valoriale di fondo, ma anche l'attenzione e gli investimenti che la sfida ha comportato.

In conclusione il libro, nel rappresentare la storia di questa azienda innovativa e di successo, ha cercato di offrire spunti, che ci si augura di interesse, ad una platea vasta di potenziali lettori provando ad associare sia target propriamente riferiti a chi questa azienda la conosce e l'ha frequentata nel tempo, con chi, invece, può essere interessato a riflettere su come una piccola realtà di provincia abbia saputo evolvere nel tempo in ambiti e in mercati davvero competitivi e complessi.

Come scritto ci si è molto focalizzati nel raccontare le esperienze e le azioni delle persone, ossia sui protagonisti reali di questo cammino, cercando di rispettare i contributi raccolti, anche nella loro valenza emotiva, a volte la narrazione ha dovuto forzatamente ridurre a semplici richiami storici gli stimoli ottenuti forse finendo per rendere meno efficace il racconto. Come sempre in questi casi la responsabilità di simili forzature o interpretazioni ricade completamente sugli autori, la cui capacità interpretativa rappresenta il filtro utilizzato per elaborare e trasmettere quanto raccolto. Per ragioni che il lettore comprenderà, si è dovuto effettuare una selezione delle testimonianze raccolte e delle persone citate nel libro, in virtuale contraddizione con la coralità che è caratteristica essenziale del mondo Copan, ma giustificati dalla necessità di conferire umanità alle narrazioni, poiché Copan è *in primis* una comunità di persone.

In conclusione si può evidenziare come anche scrivere questo libro abbia rappresentato una grande esperienza e fonte di reale apprendimento opportunità che ci si augura di essere riusciti a trasmettere ai lettori.

Link

Col fine di rendere il libro più fruibile e “moderno” possibile, è stato appositamente realizzato un sito per inserire la moltitudine di materiale divulgativo che fa parte della ricca storia di Copan.

Foto d’archivio, video istituzionali e non, ricerche scientifiche, materiale d’approfondimento: per i lettori più attenti, la storia continua al seguente link:

www.thegene.copangroup.com/

BIBLIOGRAFIA

A. Amici, *Il passaggio generazionale: da rischio a opportunità di sviluppo dell'impresa. Alcuni casi di successo nella provincia di Brescia*, FrancoAngeli, Milano, 2018.

G. Airoldi, F. Amatori, G. Invernizzi, *Proprietà e governo delle aziende italiane*, Egea, Milano, 1995.

D.N. Aspin, J. Chapman, K. Evans, R. Bagnall, *Second International Handbook of Lifelong Learning*, Springer International Handbooks of Education, London 2012.

F. Avallone, A. Paplomatas, *Salute Organizzativa*, Raffaello Cortina, Milano, 2005.

F. Avallone, M. Bonaretti, *Benessere Organizzativo. Per migliorare la qualità del lavoro delle amministrazioni pubbliche*. Cantieri – Analisi e strumenti per l'innovazione – I manuali, Rubbettino, Soveria Mannelli, Dipartimento della Funzione Pubblica per l'efficienza delle amministrazioni, 2003.

L. Borgogni, L. Petitta, *Lo sviluppo delle persone nelle organizzazioni*, Carocci, Roma, 2003.

M. Castells, *Mobile communication e trasformazione sociale*, Guerini e Associati, Milano, 2008.

P. Cellini, *La rivoluzione digitale*, Luiss Ed., Roma, 2018.

A. Dell'Atti, *Il passaggio generazionale nelle imprese familiari*, Cacucci, Bari, 2008.

G. Chiap, J. Ranalli, R. Bianchi, *Blockchain. Tecnologia e applicazioni per il business*, Hoepli, Milano, 2019.

F. Fontana, *Il sistema organizzativo aziendale*, FrancoAngeli, Milano, 1999.

E. Freeman, *Strategic Management: A Stakeholder Approach*, Harper Collins College, New York, 1984.

J. Hove, *Crowdsourcing. Il valore partecipativo come risorsa per il futuro del business*, Sossella Ed., Roma, 2010.

R. Gareth Jones, G. Soda, *Organizzazione. Teoria, progettazione, cambiamento*, Egea, Milano, 2012.

R. Kreitner, A. Knicki, *Comportamento organizzativo*, Apogeo Education Maggioli, Rimini, 2013.

F. Laloux, *Reinventare le organizzazioni. Come creare organizzazioni ispirate al prossimo stadio della consapevolezza umana*, Guerini Next, Firenze, 2016.

Reinventing Organizations: A Guide to Creating Organizations Inspired by the Next Stage of Human Consciousness.
J.K. Liker, *The Toyota Way :14 management principles from the world greatest manufacurer*, McGraw-Hill, New York, 2004.
I. Marchini, *Il governo della piccola impresa. Le basi delle conoscenze*, vol. I, ASPI/Ins Edit, Urbino-Genova, 2003.
C. Masini, *Lavoro e risparmio*, Utet, Torino, 1979.
A.H. Maslow, H. Abraham, *Teoria della motivazione umana*, Pirelli, Milano, 1973.
P. Mastroberardino, *Significato e ruolo dei clan familiari nel governo dell'impresa*, Cedam, Padova, 1996.
M. Mazzoleni, *Le nuove teorie manageriali: il Manager Partecipativo*, Cisalpino, Bologna, 1994.
M. Mazzoleni, *Management realizzato: Prassi e Teorie di un'azienda di successo*, FrancoAngeli, Milano, 2003.
M. Mazzoleni, *Riflessioni di Impresa. Alla ricerca di nuovi paradigmi*, Giappichelli, Torino, 2013.
A. Nobolo, *Continuità e sistemi di governo economico nelle aziende di produzione a proprietà familiare*, Egea, Milano, 2000.
V. Pareto, *Lettere a Matteo Pantaleoni*, Edizioni di Storia e di Letteratura, Roma 1962.
V. Perrone, *Le strutture organizzative d'Impresa – Criteri e modelli di progettazione*, Egea, Milano, 1990.
T. Peters, *Al di là dell'eccellenza. Venti tesi sul servizio*, FrancoAngeli, Milano, 1991.
M. Pezzoli (a cura di), *Soft Skill che generano valore-le competenze trasversali per l'industria 4.0*, Niuko Innovation&Knowledge FrancoAngeli, Milano, 2017.
A. Rugiadini, *Organizzazione d'impresa*, Giuffrè, Milano, 1979.
K. Schori, A. Roch, *Innovationsmanagement für KMU*, Haupt, Bern, 2012.
J.A. Schumpeter, *The Theory of Economic Development*, Harvard University Press, Cambridge, 1955 .
L. Solari, *Freedom Management*, A Gover Book Rouledge, Taylor & Francis Group, New York 2017.
D. Tapscott, *Blockchain Revolution: How the Technology Behind Bitcoin Is Changing Money, Business, and the World*, Penguin, New York, 2016.
R. Williams, V. Williams, *Anger kills: Seventeen strategies for controlling the hostility that can harm*, HarperTorch, New York, 1994.
J.F. Zobrist, *Favi Tome 1, L'entreprise Qui Croit Que L'homme Est Bon*, Humanisme &amp, Organisations, Paris 2007.

Articoli

M.I. Berruga, M. Yamaki, R.L. Althaus, M.P. Molina and A. Molina, Universidad de Castilla-La Mancha, Spain, *Performances of Antibiotic Screening Tests in Determining the Persistance of Penicillin Residues in Ewe's Milk*, 2003.

P. Bourbeau, B.J. Heiter, ASM 104th General Convention, *Evaluation of MicroRheologics Flocked Nylon Swabs for Use in the Performance of the Gen-Probe Group A Strep Direct Test (GASDT)* – New Orleans, C-168, 2004.

P. Bourbeau, B.J. Heiter, American Society for Microbiology General Meeting, *Use of Copan liquid media transport swabs for the gen-probe group a Streptococcus direct test*, C-439, 1998.

DR. Castaneda, *Centro de Investigatiociones Tecnologicas de la Industria Lactea-INTI* – Buenos Aires, Argentina, 2009.

W. Cohen and Levinthal, *Innovation and Learning. The two faces of R&D*, Economic Journal Vol. 99.

G.B. Dagnino, G. Padula, *Coopetition Strategy: Towards a New Kind of Interfirm Dynamics for Value Creation*, EURAM 2nd Annual Conference, Stockholm School of Entrepreneurship, Sweden. 8 May 2002.

Diagnosis of Human Prion Disease Using Real-Time Quaking-Induced Conversion Testing of Olfactory Mucosa and Cerebrospinal Fluid Samples, Published online December 12, 2016.

J.-M. Diserens, A. Beck Henzelin, M.-H. Le Breton, M.-C. Savoy Perroud, Nestlé Research Center Quality & Safety Department. *Antibiotics in milk. Actual situation & compilation of commercial available screening methods for the detection of in hibitors/antibiotics residues in milk*, 2009.

M. Featherstone, S. Lash, R. Robertson, *Global Modernities*, Journal of International Communication, Routledge Group, 1994.

C. Freeman, *The Economics of Industrial Innovation*, Routledge Taylor & Francis Group London & NY, 1982.

D.M. Goldfarb, A.P. Steenhoff, J.M. Pernica, A.S. Chong, K. Luinstra, M. Mokomane, L. Mazhani, I. Quaye, I. Goercke, J. Mahony, M. Smieja, *Evaluation of Anatomically Designed Flocked Rectal Swabs for Molecular Detection of Enteric Pathogens in Children Admitted to Hospital with Severe Gastroenteritis in Botswana*, JCM, November 2014 https://jcm.asm.org/content/52/11/3922.

D.T. Jaffe, *The healthy company. Research paradigms for personal and organizational health*, in S.L. Sauter, L.R. Murphy, Organizationale risk factors for job stress, pp. 13-39, 1995.

M. Marchingtom, A. Wilkinson, P. Ackers, J. Goodman, *The influence of management Relations on Wave of Employee Involvement*, British Journal of Industrial Relations, n. 31 1993.

M. McLuhan, B Nevitt, *Take Today: The Executive as Dropout., in The Library Quarterly*, vol. 43, n. 2, 1973-04.

Dr. O'Keefe, *The National Food Centre* – Castleknock, Ireland, 2002.

W. Reybroeck, S. Ooghe, K. Grijspeerdt, Abstract from UBISI 2004, *First results of the validation of the Copan Milk Test for the detection of residues of antibiotics and sulphonamides in milk* – IDF/FAO/OIE International Symposium on Dairy Safety and Hygiene. A Farm-to-table Approach for Emerging and Developed Dairy Countries., Cape Town, South Africa, 2004.

J.E. Osborne, *Combatting an Us vs them Mindset (partecipative management)*, in Supervisory Management November 1989.

Dr. Paggi, AIA, *Determinazione inibenti nel latte mediante uso di kit microbiologico* – "Il Latte" Italy, 2003.

J.A. Parnell, E.D. Bell, R. Taylor, *The propensity for partecipative Management: a conceptual and empirical analysis*. The Mid-Atlantic journal of Business, marzo 1992.
J.A. Parnell, *Employee Participation in decision making: A survey of managerial Tendencies*, in Southwest Business Symposium Proceeding of the English Annual Meeting 1991.
J.L. Perry, *Assesment of Swab Transport System for Aerobic and Anaerobic Organism Recovery*, Journal of Clinical Microbiology, vol. 35, n. 5, pp. 1269-1271, 1997.
M. Pollock, M.L. Colwill, *Partecipatory Decision Making in Rewiew*, Leadership and Organization Development Journal, n. 8, 1987.
Clinical Lab Products, *Inert polyurethane sponges*, v. 26, n. 2, 1997.
Dr. Suhren, *Institut fur Hygiene und Produktsichereit – Bundersanstalt fur Milchforschung* – 2000.
D. Tjosvold, *Dynamics within partecipation: an Experimental Investigation*. Group and Organization studies, n. 10 1985.
K. Van Horn, C. Tóth, K. Warren, American Society for Microbiology General Meeting, *Comparison of Copan Amies Agar Swab and BBL Port-a-cul Swab for Recovery of Anaerobic Bacteria* – C-437, 1998.
Dr. Varisco, IZP Brescia, Italy, 2001 *Valutazione dei limiti di sensibilità del Kit microbiologico Copan Test per la determinazione delle sostanze inibenti nel latte – Valutazione test*, Veneto Agricoltura, Thiene, Italy, 2001.
M.T. Wood, *Effects of decision Process and task Situations on influence Percepitions*, Organizational Behaviour and Human Performance, N. 7 1972.

Sitografia

http://www.beretta.com/it-it/world-of-beretta/holding/.
http://www.treccani.it/enciclopedia/commodity_%28Dizionario-di-Economia-e-Finanza%29/.
http://www.salute.gov.it/imgs/C_17_normativa_1262_allegato.pdf.
http://www.dynacon.ca/en/solutions/innova.html.
https://www.youtube.com/watch?v=42C2JL-SZ64.
https://www.indesit.it.
http://www.luxottica.com/it.
https://pininfarina.it.
http://www.brembo.com.
https://www.tods.com.
https://www.geox.com.
http://www.omrautomotive.com.
https://www.gefran.com.
http://www.sabaf.it.
https://www.streparava.com.
http://www.feralpigroup.com.

www.salute.gov.it/portale/rapportiInternazionali/dettaglioContenutiRapportiInternazionali.jsp?lingua=italiano&id=1784&area=rapporti&menu=mondiale.
www.who.int/healthpromotion/conferences/previous/ottawa/en/.
www.inail.it/cs/internet/attivita/ricerca-e-tecnologia/area-salute-sul-lavoro/rischi-psicosociali-e-tutela-dei-lavoratori-vulnerabil.
www.aiel.it/page/old_paper/frey.pdf.
http://himedialabs.com/TD/M306.pdf.
https://it.wikipedia.org/wiki/Materozza.
http://www.treccani.it/enciclopedia/commodity_%28Dizionario-di-Economia-e-Finanza%29/.
https://jcm.asm.org/content/52/11/3922.
https://jamanetwork.com/journals/jamaneurology/fullarticle/2591319?resultClick=1.
https://products.copangroup.com/index.php/products/genetics/enat.
https://boa.unimib.it/handle/10281/22626.
https://iris.unibocconi.it/handle/11565/413791.
https://en.wikipedia.org/wiki/Gary_Hamel.
https://it.wikipedia.org/wiki/Falange_macedone.

Ultimi volumi pubblicati:

FRANCESCA PIRLONE, ILEANA SPADARO, *Verso una gestione sostenibile dei rifiuti nei porti del mediterraneo/Vers une gestion durable des déchets dans les ports de la méditerranée* (disponibile anche in e-book).

FABIO MASINI, *Diario dell'integrazione europea.* Eventi, teorie economiche e scelte politiche (2005-2019) (disponibile anche in e-book).

FILIPPO MONGE, *Sistema impresa.* Cultura, valore, innovazione.

PATRIZIA DI MARTINO, ALESSIA DI PASCALE, ANDREA SORGATO, DOMENICO VITI, *Lineamenti dell'ordinamento giuridico internazionale, europeo e nazionale.* Gli atti normativi: da dove vengono e come sono creati. I diritti fondamentali.

SELENA AURELI, BARBARA BATTISTONI, FRANCESCA MARIA CESARONI (a cura di), *Percorsi evolutivi e soluzioni strategiche per la continuità aziendale* (disponibile anche in e-book).

ELISA ERRIU, MARIO MAZZOLENI, *Dreams, projects and desires.* The "Copan" genes (E-book).

AFOL METROPOLITANA, *An integrated service model for employment.* The case of the Milan AFOL Metropolitana (disponibile anche in e-book).

ILARIA DELPONTE, *Città in cerca di autori.* Il cammino della governance metropolitana in Francia e in Italia (disponibile anche in e-book).

ELISA ERRIU, MARIO MAZZOLENI, *Sogni, progetti e desideri.* Il gene "Copan" (disponibile anche in e-book).

BRUNO CARAPELLA (a cura di), *Oltre la casa di vetro.* Dal Performance Management alla democrazia del dare conto (disponibile anche in e-book).

ANTONELLO GAMALERI, *Design & Production Management per l'industria navale* (disponibile anche in e-book).

AFOL METROPOLITANA (a cura di), *Una ripresa flessibile.* Economia e mercato del lavoro nella Città Metropolitana di Milano 2017-2018 (disponibile anche in e-book).

GIUSEPPE ZINGALE, MATTIA GRANATA (a cura di), *Un modello di servizi integrati per il lavoro.* Il caso di AFOL Metropolitana di Milano (disponibile anche in e-book).

ALDO AMICI (a cura di), *Il passaggio generazionale: da rischio a opportunità di sviluppo dell'impresa.* Alcuni casi di successo nella provincia di Brescia (disponibile anche in e-book).

GABRIELE BARBARESCO, MICHELA MATARAZZO, RICCARDO RESCINITI, *Le medie imprese acquisite dall'estero.* Nuova linfa al Made in Italy o perdita delle radici? (disponibile anche in e-book).

VALERIO DE LUCA, GIULIO MARIA TERZI DI SANT'AGATA, FRANCESCA VOCE (a cura di), *Il ruolo dell'Italia nella sicurezza cibernetica.* Minacce, sfide e opportunità (disponibile anche in e-book).

MICHELA CORDAZZO, STEFANO BIANCHI (a cura di), *Il nuovo bilancio dopo l'applicazione del D. LGS. 139/2015.* Implicazioni teoriche ed evidenze empiriche (disponibile anche in e-book).

GUIDO MIGLIACCIO, *La dimensione quantitativa della gestione.* Aspetti teorici e applicativi.

MARCO ZAGANELLA, *Le trasformazioni del lavoro e della formazione continua.* Dalla seconda alla quarta rivoluzione industriale (disponibile anche in e-book).

RENATO MATTIONI (a cura di), *Spending Review e Storytelling.* Come fare di più con meno? (disponibile anche in e-book).

CLAUDIO CACCIAMANI, ALESSANDRA FIORELLI (a cura di), *Il crowdfunding* (disponibile anche in e-book).

STEFANO MONFERRÀ, MATTEO COTUGNO, SEBASTIANO MAZZÙ (a cura di), *Corporate & investment banking.*

GUIDO MIGLIACCIO, GIUSEPPE NAPOLI, CLAUDIO RISPOLI, LUIGI UMBERTO ROSSETTI, *Tecnica amministrativa e ragioneria.* Strumenti per l'apprendimento.

CONFARTIGIANATO ANCONA PESARO E URBINO, UNIVERSITÀ POLITECNICA DELLE MARCHE, *Artigianato e piccole imprese patrimonio per i territori.* Nuove traiettorie di sviluppo (disponibile anche in e-book).

CLAUDIO CACCIAMANI, GIUSEPPE GIUDICI (a cura di), *Compagnie di assicurazioni e finanziamento alle imprese* (disponibile anche in e-book).

RAFFAELE D'ARIENZO, FEDERICO COLTRO, SILVIA MARINI, *Antiriciclaggio.* Teoria e pratica per professionisti (disponibile anche in e-book).

MARILENA BONGIOVANNI, PINA TRAVAGLIANTE (a cura di), *La medicina narrativa strumento trasversale di azione, compliance e empowerment* (disponibile anche in e-book).

FLAVIO SANGALLI, *Il sindacalista e Galileo.* Miglioramento e capacità realizzativa nella nuova prassi sindacale: l'esperienza di FP CISL Lombardia (disponibile anche in e-book).

SILVIO MENGHINI (a cura di), *La filiera della birra artigianale toscana.*

SERGIO BRANCIARI (a cura di), *Indagine sui bilanci delle piccole imprese.* La banca dati del Confidi Ancona (2003-2012) (disponibile anche in e-book).

CENTRO STUDI POLITICO SOCIALI J.F. KENNEDY (a cura di), *La difesa dell'ambiente e il riordino dei livelli istituzionali e dei corpi tecnici territoriali* (disponibile anche in e-book).

TULLIO CHIMINAZZO, *Etica ed economia.* Verso il nuovo umanesimo economico (disponibile anche in e-book).

FRANCESCA PIRLONE, *I borghi antichi abbandonati.* Patrimonio da riscoprire e mettere in sicurezza (disponibile anche in e-book).

CHIARA MIO (a cura di), *La rendicontazione sociale negli atenei italiani.* Valori, modelli, misurazioni (disponibile anche in e-book).

CENTRO STUDI SINTESI (a cura di), *Territori, aree vaste, competitività.* La nuova configurazione economica e strategica di Emilia Romagna, Lombardia e Veneto (disponibile anche in e-book).

REGIONE SICILIANA, *Annuario statistico regionale.* Sicilia 2015 (disponibile anche in e-book).

VALERIA MAIONE (a cura di), *Insiemesipuò.* Gli stati generali delle Donne nelle regioni italiane (disponibile anche in e-book).

MICHELE PAOLO PASTORE, LUCA JEANTET, LUCA BASSO, ANDREA VAROLI, *La ristrutturazione.* Linee guida e strumenti di composizione della crisi d'impresa (disponibile anche in e-book).

PIER GIOVANNI BRESCIANI, ALESSANDRA SARTORI, *Innovare i servizi per il lavoro: tra il dire e il mare.* Apprendere dalle migliori pratiche internazionali (disponibile anche in e-book).

GIUSEPPE BORTOLUSSI, RICCARDO DALLA TORRE, ANDREA FAVARETTO, CATIA VENTURA (a cura di), *Per la competitività del turismo nell'Alto Adriatico.* Il turismo al centro dello sviluppo (disponibile anche in e-book).

FRANCESCA PIRLONE, *I rifiuti e i piani di gestione urbana all'interno della governance* (disponibile anche in e-book).

ILARIA DELPONTE (a cura di), *Historical city markets: a set of guidelines* (disponibile anche in e-book).

AZIENDA SPECIALE DELLA CAMERA DI COMMERCIO DI IMPERIA PROMIMPERIA (a cura di), *Dieta Mediterranea Mediterranean Diet.* Atti del Forum Imperia 13-16 novembre 2014 (disponibile anche in e-book).

MASSIMO SAITA, PAOLA SARACINO, MARIA FRANCESCA KAINICH, *Economia delle aziende biotecnologiche.*

GUIDO CUTILLO, FRANCO FONTANA (a cura di), *Compendio sulla normativa relativa ai compensi degli amministratori e dei manager aziendali - 2015* (disponibile anche in e-book).

VALERIO DE LUCA, DOMINICK SALVATORE (a cura di), *La sfida europea.* Riforme, crescita e occupazione (disponibile anche in e-book).

GIUSEPPE BORTOLUSSI (a cura di), *Le Province: operazione verità.* Il caso Friuli Venezia Giulia (disponibile anche in e-book).

ERMENEIA, *Shoe Report 2015.* Settimo Rapporto Annuale sul contributo del settore calzaturiero al rafforzamento del Made in Italy (disponibile anche in e-book).

CENTRO STUDI SINTESI (a cura di), *La mappa dell'economia e le nuove direttrici dello sviluppo.* Emilia Romagna, Lombardia e Veneto dentro le trasformazioni (disponibile anche in e-book).

REGIONE SICILIANA, *Annuario statistico regionale.* Sicilia 2014 (disponibile anche in e-book).

PIER GIOVANNI BRESCIANI (a cura di), *Risorse umane nell'organizzazione.* Giovani e donne nelle Banche di Credito Cooperativo (disponibile anche in e-book).

FONDAZIONE LEONE MORESSA, *Il valore dell'immigrazione* (disponibile anche in e-book).

MARCO CANESI, *Egemonismo del capitale e autodeterminazione dei popoli.* Una proposta per il Centro America e i Caraibi (disponibile anche in e-book).

RICCARDO PASTORE, *Il marketing del vino e del territorio: istruzioni per l'uso.*

CLAUDIO CACCIAMANI, LARA MAINI (a cura di), *Credito e fideiussioni.* Situazione e prospettive (disponibile anche in e-book).

IRES PIEMONTE, IRPET, SRM, EUPOLIS LOMBARDIA, IPRES, LIGURIA RICERCHE, *La finanza territoriale.* Rapporto 2014 (disponibile anche in e-book).

GIUSEPPE BORTOLUSSI (a cura di), *Il sistema camerale in Italia.* Ruolo, valore e identità (disponibile anche in e-book).

CENTRO STUDI SINTESI (a cura di), *Impegno e responsabilità delle professioni a servizio del territorio.* Il contributo dei professionisti allo sviluppo sociale ed economico della provincia di Venezia (disponibile anche in e-book).

ERMENEIA, *Beauty Report 2014.* Quinto rapporto sul valore dell'industria cosmetica in Italia (disponibile anche in e-book).

A.DI.G.E.-ASSOCIAZIONE PER LA DIFFUSIONE DELLA GIURISPRUDENZA ECONOMICA, *Rivista di giurisprudenza ed economia d'azienda N 10 - 2013* (disponibile anche in e-book).

ERMENEIA, *Shoe Report 2014.* Sesto Rapporto Annuale sul contributo del settore calzaturiero al rafforzamento del Made in Italy (disponibile anche in e-book).

REGIONE SICILIANA, *Annuario statistico regionale.* Sicilia 2013 (disponibile anche in e-book).

DOMENICO VENTURA, *Dalla parte degli esclusi.* Stampa ed editoria in Sicilia ai tempi del Piano Marshall (E-book).

MASSIMO LÉVÊQUE (a cura di), *La green economy in Valle d'Aosta.* Scenari e opportunità di sviluppo sostenibile in una economia di montagna.

SILVIO MENGHINI, BRUNO FABBRI, *Qualità e tracciabilità della filiera dei vini a denominazione per la tutela del consumatore e la competitività delle imprese* (disponibile anche in e-book).

AA.VV, *Divari manifatturieri e strumenti di politica industriale.* Il caso del credito d'imposta in Sicilia (disponibile anche in e-book).

GUIDO CRISTINI, FRANCESCA NEGRI (a cura di), *Marketing e creazione di valore: casi di eccellenza. 5* (disponibile anche in e-book).

GUIDO CUTILLO, FRANCO FONTANA (a cura di), *Compendio sulla normativa relativa ai compensi degli amministratori e dei manager aziendali 2013* (disponibile anche in e-book).

ERMENEIA, *Beauty Report 2013.* Quarto Rapporto sul valore dell'industria cosmetica in Italia (disponibile anche in e-book).

REGIONE SICILIANA, *Annuario statistico regionale.* Sicilia 2012 (disponibile anche in e-book).

CINZIA DABRASSI, PAOLO PRANDI (a cura di), *La responsabilità civile automobilistica.* Strategie, innovazione e normativa nei modelli di offerta (disponibile anche in e-book).

ERMENEIA, *Shoe Report 2013.* Quinto Rapporto Annuale sul contributo del settore calzaturiero al rafforzamento del Made in Italy (disponibile anche in e-book).

FLAVIO SANGALLI, *Leadership cooperativa.* La gestione innovativa delle Organizzazioni a Scopo Cooperativo (disponibile anche in e-book).

DONATELLA CINELLI COLOMBINI, *Manuale del turismo del vino.*

ANTONIO SCIALOJA, *Opere.* Volume IV. Scritti di politica economica durante il processo d'unificazione italiana (1846-1861). (disponibile anche in e-book).

ROBERTO SBRANA, ALESSANDRO GANDOLFO, *Progettare, confrontarsi, fare.* L'esperienza di Peccioli, una realtà toscana che crea ricchezza dal basso (disponibile anche in e-book).

SARA VERONES, BRUNO ZANON (a cura di), *Energia e pianificazione urbanistica.* Verso un'integrazione delle politiche urbane (disponibile anche in e-book).

ROBERTA PIAZZA (a cura di), *Ricerca e apprendimento nella società della conoscenza.* Studi sull'integrazione europea (disponibile anche in e-book).

VALDO D'ARIENZO, BIAGIO DI SALVIA, *Siciliani nell'Algarve.* Privilegi e prassi mercantili nell'Atlantico portoghese (secoli XV e XVI) (disponibile anche in e-book).

FEDERICA PALAZZI, *Medie imprese italiane, sviluppo e corporate finance.* I valori del capitalismo personale (E-book).

CARLO CIPRIANI (a cura di), *Economia e management delle imprese calzaturiere.* Prospettive e strumenti per la competitività dell'industria marchigiana (disponibile anche in e-book).

GUIDO CUTILLO, FRANCO FONTANA (a cura di), *Compendio sulla normativa relativa ai compensi degli amministratori e dei manager aziendali 2012* (disponibile anche in e-book).

IRES PIEMONTE, IRPET, SRM, ÉUPOLIS LOMBARDIA, IPRES, LIGURIA RICERCHE, *La finanza territoriale in Italia.* Rapporto 2012 (disponibile anche in e-book).

ERMENEIA, *Beauty Report 2012.* Terzo Rapporto sul valore dell'industria cosmetica in Italia (disponibile anche in e-book).

ERMENEIA, *Shoe Report 2012.* Quarto Rapporto Annuale sul contributo del settore calzaturiero al rafforzamento del Made in Italy (disponibile anche in e-book).

REGIONE SICILIANA, *Annuario statistico regionale.* Sicilia 2011 (disponibile anche in e-book).

A.DI.G.E.-ASSOCIAZIONE PER LA DIFFUSIONE DELLA GIURISPRUDENZA ECONOMICA, *Rivista di giurisprudenza ed economia d'azienda n. 9 - 2011* (disponibile anche in e-book).

IRES PIEMONTE, IRPET, SRM, ÉUPOLIS LOMBARDIA, IPRES, *La finanza locale in Italia.* Rapporto 2011 (disponibile anche in e-book).

IRENE SANESI, STEFANO GUIDANTONI, *Creatività cultura creazione di valore.* Incanto economy (disponibile anche in e-book).

FRANCESCA VITALI, *I luoghi della partecipazione.* Una ricerca su donne, lavoro e politica (disponibile anche in e-book).

MARISA ARGENE VALLERI, STEFANO CARAGNANO, *Appunti teorici e pratici di programmazione locale e regionale.*

FABRIZIO BIENTINESI, *La parziale eccezione.* Costi comparati e teorie del commercio internazionale in Italia dalla metà dell'Ottocento alla seconda guerra mondiale (disponibile anche in e-book).

MASSIMILIANO DONA (a cura di), *Etica delle imprese e dei consumatori.* Atti del Premio Vincenzo Dona, voce dei consumatori 2010 (disponibile anche in e-book).

A.DI.G.E.-ASSOCIAZIONE PER LA DIFFUSIONE DELLA GIURISPRUDENZA ECONOMICA, *Rivista di Giurisprudenza ed Economia d'Azienda n. 8 - 2010* (disponibile anche in e-book).

FLAVIO SANGALLI, *Manufatti organizzativi.* Modelli e percorsi di sviluppo organizzativo di Confartigianato Imprese in Lombardia (disponibile anche in e-book).

ERMENEIA, *Beauty Report 2011.* Secondo rapporto sul valore dell'industria cosmetica in Italia (disponibile anche in e-book).

SVILUPPO BRIANZA, *I 5 fattori dello sviluppo locale.* Cultura, produzione, lavoro, leadership e megatrends nel futuro della Brianza (disponibile anche in e-book).

REGIONE SICILIANA, *Annuario statistico regionale.* Sicilia 2010 (disponibile anche in e-book).

ERMENEIA, *Shoe Report 2011.* Terzo Rapporto Annuale sul contributo del settore calzaturiero al rafforzamento del Made in Italy (disponibile anche in e-book).

ADRIANA LOMBARDI (a cura di), *I beni relazionali negli scambi sociali ed economici.* Il dono tra interesse egoistico e altruismo puro (disponibile anche in e-book).

IRES PIEMONTE, IRPET, SRM, IRER, IPRES, *La finanza locale in Italia.* Rapporto 2010 (disponibile anche in e-book).

A.DI.G.E.-ASSOCIAZIONE PER LA DIFFUSIONE DELLA GIURISPRUDENZA ECONOMICA, *Rivista di Giurisprudenza ed Economia d'Azienda n. 7 - 2010* (disponibile anche in e-book).

MASSIMILIANO DONA (a cura di), *La spesa alimentare tra sicurezza, qualità e convenienza.* Atti del Premio Vincenzo Dona, voce dei consumatori 2009 (disponibile anche in e-book).

Regione Siciliana, *Rapporto di valutazione.* Esiti occupazionali e valutazione dei percorsi formativi a supporto delle politiche del lavoro in Sicilia (disponibile anche in e-book).

Compagnia delle Opere Cdo Agroalimentare, *Atti del 7° Forum di CDO Agroalimentare 2010.* Collaborare per competere: come realizzare reti nell'agroalimentare (disponibile anche in e-book).

Matteo G. Caroli (a cura di), *Le bonifiche e il rilancio dell'area industriale di Porto Torres.*

Daniela Marchesi (a cura di), *Priorità nazionali trasparenza, istruzione, finanza, energia* (disponibile anche in e-book).

Valdo D'Arienzo, Biagio Di Salvia (a cura di), *Pesci, barche, pescatori nell'area mediterranea dal medioevo all'età contemporanea.* Atti del Quarto Convegno Internazionale di Studi sulla Storia della pesca. Fisciano-Vietri sul Mare-Cetara, 3-6 ottobre 2007 (disponibile anche in e-book).

Luciano Pilati, Andrea Giovanelli, *La riqualificazione dei centri storici nelle zone di montagna.* Dalle linee guida della Provincia Autonoma di Bolzano al Progetto Pilota del Comune di Egna-Neumarkt (disponibile anche in e-book).

Ermeneia, *Beauty Report 2010.* Primo Rapporto sul valore dell'industria cosmetica in Italia (disponibile anche in e-book).

Sergio de Nardis (a cura di), *Imprese italiane nella competizione internazionale* (disponibile anche in e-book).

Pietro Ugolini, *Approccio alla sostenibilità nella governance del territorio* (disponibile anche in e-book).

Ermeneia, *Shoe Report 2010.* Secondo Rapporto Annuale sul contributo del settore calzaturiero al rafforzamento del Made in Italy (disponibile anche in e-book).

Giacomo Elias (a cura di), *Prodotti agroalimentari tradizionali della montagna italiana.* Tradizione e innovazione in cinque casi studio.

AA.VV, *In viaggio per Itaca.* Antologia tra cultura e organizzazione. Scritti dedicati a Gianfranco Dioguardi.

Isae, Ires Piemonte, Irpet, Srm, Irer, *La finanza locale in Italia.* Rapporto 2009 (disponibile anche in e-book).

Sviluppo Brianza, *Novesi.* I personaggi che hanno contribuito a cambiare il volto della città (disponibile anche in e-book).

Massimiliano Dona (a cura di), *Consumatori tra pubblicità, prezzi e prodotto reale.* Atti del Premio Vincenzo Dona, voce dei consumatori 2008 (disponibile anche in e-book).

Francesco Balletta (a cura di), *Il pensiero e l'opera di Domenico Demarco* (disponibile anche in e-book).

Ermeneia, *L'artigianato per lo sviluppo.* Terzo Rapporto Annuale 2009 (disponibile anche in e-book).

Regione Siciliana, *Annuario statistico regionale.* Sicilia 2009 (disponibile anche in e-book).

Francesca Lavorini, *Condividere competenze nelle organizzazioni.* Un modello di intervento nelle banche (disponibile anche in e-book).

A.di.g.e.-Associazione per la Diffusione della Giurisprudenza Economica, *Rivista di Giurisprudenza ed Economia d'Azienda.* Nuova serie, II semestre, n. 6 - 2009.

Sviluppo Brianza, *Muggiò: municipalità e sviluppo.* L'esperienza della Consulta economica (disponibile anche in e-book).

DARIO GREGORI, MAURO DELENDI, ANDREA DI LENARDA, LUCIANO SILVESTRI, PIERGIORGIO GABASSI (a cura di), *Capire ed organizzare la qualità in ospedale.* Un'indagine in tre strutture del Friuli-Venezia Giulia (disponibile anche in e-book).

ANTONIO MATACENA, MARA DEL BALDO (a cura di), *Responsabilità sociale d'impresa e territorio.* L'esperienza delle piccole e medie imprese marchigiane (disponibile anche in e-book).

COMPAGNIA DELLE OPERE CDO AGROALIMENTARE, *Atti del 6° Forum di CDO Agroalimentare 2009.* Intraprendere nell'agroalimentare tra globalizzazione e percezione del consumatore (disponibile anche in e-book).

GIANFRANCO SABATTINI, *Welfare state.* Nascita, evoluzione e crisi. Le prospettive di riforma (disponibile anche in e-book).

A.DI.G.E.-ASSOCIAZIONE PER LA DIFFUSIONE DELLA GIURISPRUDENZA ECONOMICA, *Rivista di Giurisprudenza ed Economia d'Azienda.* Nuova serie, I semestre, n. 5 - 2009.

SIDREA-SOCIETÀ ITALIANA DEI DOCENTI DI RAGIONERIA E DI ECONOMIA AZIENDALE, *La Ragioneria e L'Economia aziendale: dinamiche evolutive e prospettive di cambiamento.* Siena, 8-9 maggio 2008 (disponibile anche in e-book).

MARIA CHIARA DI GUARDO, ROBERTA PINNA, DANTE ZARU (a cura di), *Per lo sviluppo, la competitività e l'innovazione del sistema economico.* Il contributo degli studi di Organizzazione Aziendale (disponibile anche in e-book).

SVILUPPO BRIANZA, *La Brianza intraprendente.* Persone, idee, relazioni, valori per lo sviluppo locale (disponibile anche in e-book).

SIDEA-SOCIETÀ ITALIANA DI ECONOMIA AGRARIA, *Produzioni agroalimentari tra rintracciabilità e sicurezza.* Analisi economiche e politiche d'intervento. Atti del XLIV Convegno di Studi. Taormina, 8-10 novembre 2007 (disponibile anche in e-book).

ERMENEIA, *Shoe Report 2009.* Primo Rapporto Annuale sul contributo del settore calzaturiero al rafforzamento del Made in Italy (disponibile anche in e-book).

GIANFRANCO SABATTINI, *I limiti della globalizzazione: ipotesi per la sua regolazione* (disponibile anche in e-book).

AMEDEO POSTIGLIONE (a cura di), *Economia e ambiente.* Profili economici, giuridici e sociali dello sviluppo sostenibile in Italia.

SALVATORE CORRADO (a cura di), *Manuale elettorale per l'elezione dei Sindaci, dei Presidenti di Provincia, dei Consigli Comunali e Provinciali* (disponibile anche in e-book).

REGIONE SICILIANA, *Annuario Statistico Regionale.* Sicilia 2008 (disponibile anche in e-book).

ISAE, IRES PIEMONTE, IRPET, SRM, IRER, *La finanza locale in Italia.* Rapporto 2008.

STEFANIA RICCI, ENRICO CIAVOLINO, *Analisi statistica per la conoscenza della solidarietà organizzata.* Censimento nazionale per il Sostegno a Distanza 2007 (disponibile anche in e-book).

A.DI.G.E.-ASSOCIAZIONE PER LA DIFFUSIONE DELLA GIURISPRUDENZA ECONOMICA, *Rivista di Giurisprudenza ed Economia d'Azienda.* Nuova serie, Secondo semestre, n.4 - 2008.

FLAVIO SANGALLI, *Le nuove competenze associative.* L'esperienza di sviluppo organizzativo in APA Confartigianato di Milano, Monza e Brianza per aiutare la crescita delle imprese (disponibile anche in e-book).

MASSIMILIANO DONA (a cura di), *Consumatori oggi tra liberalizzazioni e class-action.* Atti del Premio Vincenzo Dona 2007 (disponibile anche in e-book).

CONSIGLIO REGIONALE DELLA LOMBARDIA, *Legge statutaria della Regione Lombardia N 001 "Statuto d'autonomia della Lombardia".* Quaderno N. 3.

ANTONIO BOGGIA, GAETANO MARTINO (a cura di), *Agricolture e mercati in transizione.* Atti del XLIII Convegno di studi. Assisi, 7-9 settembre 2006 (disponibile anche in e-book).

COMPAGNIA DELLE OPERE CDO AGROALIMENTARE, *Atti del V Forum di CDO Agroalimentare 2008.* Consumi, prezzi, innovazione e competitività: quale impresa? Palace Hotel Milano Marittima 18-19 gennaio 2008 (disponibile anche in e-book).

ANTONINO ZANIBONI, *I territori riabitati.* Un percorso dalla Padanìa alla Sicilia.

CONSIGLIO REGIONALE DELLA LOMBARDIA, *Proposte per lo "Statuto d'Autonomia della Regione Lombardia" e il nuovo regolamento del Consiglio Regionale.* Quaderno N. 2.

A.DI.G.E.-ASSOCIAZIONE PER LA DIFFUSIONE DELLA GIURISPRUDENZA ECONOMICA, *Rivista di Giurisprudenza ed Economia d'Azienda.* Nuova serie, I semestre, n. 3 - 2008 (disponibile anche in e-book).

REGIONE SICILIANA, *Annuario statistico regionale.* Sicilia 2007.

CONSIGLIO REGIONALE DELLA LOMBARDIA, *Il Consiglio Regionale della Lombardia per l'attuazione della Costituzione della Repubblica Italiana.* Atti e documenti 6 Luglio 2006-31 Luglio 2007. Quaderno 1.

GINO MONCADA LO GIUDICE, FRANCESCO ASDRUBALI, *La sfida dell'energia.* Cambiamenti climatici, energia e ambiente in un mondo inquieto.

ISAE, IRES PIEMONTE, IRPET, SRM, IRER, *La finanza locale in Italia.* Rapporto 2007.

ERMENEIA, *L'artigianato per lo sviluppo.* Secondo Rapporto Annuale 2007.

MAURIZIO BERGAMINI RICCOBON, *L'innovazione duale.* Il territorio come base per lo sviluppo globale.

PAMELA M. CLAYTON, SILVANA GRECO, MARTIN PERSSON, *Guidance for life.* Working and learning in the Third Age.

MARCELLA MULAZZANI, STEFANO POZZOLI (a cura di), *Revisione e controlli negli enti locali.* Temi, problemi, applicazioni (disponibile anche in e-book).

UNIVERSITÀ DEGLI STUDI DI CAGLIARI, *Annali della Facoltà di Economia di Cagliari.* Nuova serie. Vol. XXIII, anno accademico 2006/2007.

GIOVANNI CANITANO, DAVIDE DI LAUREA, NICOLA DONI (a cura di), *La convenzione di affidamento e la regolazione nel servizio idrico in Italia.* Atti della 1^edizione degli incontri sulla regolazione dei servizi idrici. Anea Palermo, 28-29 novembre 2005 (disponibile anche in e-book).

MARCO FERRETTI, CHIARA NOVA, ANTONELLO ZANGRANDI, *Finanziare i musei.* Promuovere qualità e orientamento al futuro.

COMPAGNIA DELLE OPERE CDO AGROALIMENTARE, *Quarto Forum di Cdo Agroalimentare 2007.* Il 50% del lavoro di ogni impresa dopo aver prodotto al meglio: il Mercato. 26-27 gennaio 2007.

SVILUPPO BRIANZA, *La Brianza delle qualità.* Socialità, ambiente e infrastrutture per lo sviluppo locale.

FILIPPO MONGE, *Impresa e territorio.* Programmazione negoziata e sviluppo locale in provincia di Torino.

COMPAGNIA DELLE OPERE CDO AGROALIMENTARE, *Primo Meeting AgroMediterraneo.* L'area di libero scambio del 2010: un'opportunità per l'agroalimentare dei paesi del Mediterraneo. Catania, novembre 2006.